English - Punjabi

My first Picture Dictionary

Designed and edited by : Maria Watson
Translated by : Prakash Singh

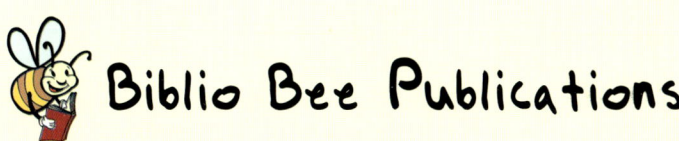

Biblio Bee Publications

English - Punjabi
My First Picture Dictionary

© Publishers

ISBN: 978 1 908357 87 8

Published by
Biblio Bee Publications
An imprint of **ibs BOOKS (UK)**
56, Langland Crescent, Stanmore HA7 1NG, U.K.
Tel: 020 8900 2640, Fax: 020 3621 6116,
email: sales@starbooksuk.com, www.starbooksuk.com

First Edition : 2017
Reprint   : 2022

No Part of this book may be reproduced or utilised in any form or by any means, electronic or mechanical, including photocopying, recording or by any other system, without written consent of the publishers.

Printed at : Star Print-O-Bind, New Delhi-110 020 (India)

This dictionary has been published in the following languages:
Albanian, Amharic, Arabic, Bengali, Bulgarian, Cantonese, Croatian, Czech, Farsi French, Gujarati, Haitian Creole, Hindi, Hungarian, Italian, Korean, Latvian, Levantine Lithuanian, Mandarin, Pashto, Polish, Portuguese, Punjabi, Romanian, Russian, Slovak Spanish, Tagalog, Tamil, Turkish, Urdu and Vietnamese.

Aa

actor
ਅਦਾਕਾਰ   adākār

actress
ਅਦਾਕਾਰਾ   adākārā

adult
ਬਾਲਗ   bālag

aeroplane
US English **airplane**
ਹਵਾਈ ਜਹਾਜ਼   havaī jahāz

air conditioner
ਏਅਰ ਕੰਡੀਸ਼ਨਰ   air conditioner

air hostess
US English **flight attendant**
ਹਵਾਈ ਪਰਿਚਾਰਿਕਾ   havaīparichārikā

airport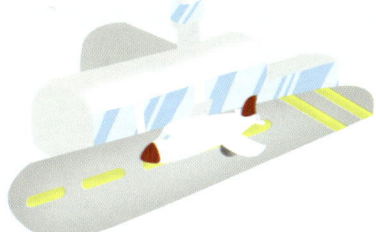
ਹਵਾਈ ਅੱਡਾ   havaī addā

album
ਐਲਬਮ   albam

almond
ਬਦਾਮ   badām

alphabet
ਵਰਣਮਾਲਾ   varanmālā

ambulance
ਰੋਗੀ ਗਡੀ   rogī gaddī

a b c d e f g h i j k l m n o p q r s t u v w x y z

a

angel	**animal**	**ankle**
ਫ਼ਰਿਸ਼ਤਾ pharishtā	ਜਾਨਵਰ jānvar	ਗਿੱਟਾ gittā
ant	**antelope**	**antenna**
ਕੀੜੀ kīrī	ਹਿਰਨ hiran	ਐਂਟੀਨਾ antīnā
apartment	**ape**	**apple**
ਫ਼ਲੈਟ flait	ਬਾਂਦਰ bāndar	ਸੇਬ seb
apricot	**apron**	**aquarium**

ਖ਼ੁਰਮਾਨੀ khurmānī	ਉਪਰੀ ਪਹਿਨਾਵਾ uprī pehnāvā	ਮਛਲੀ ਘਰ machhlī ghar

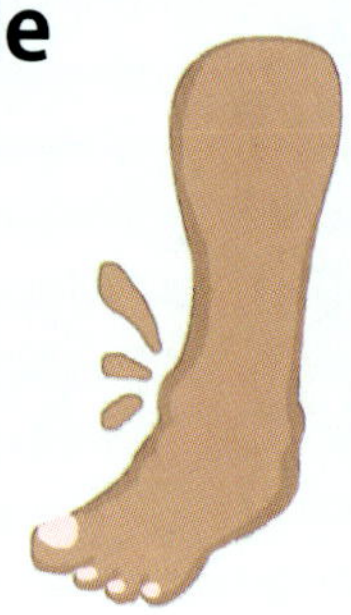

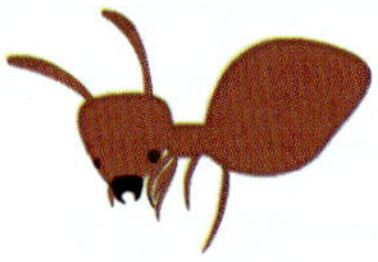

archery	**architect**	**arm**
ਤੀਰਅੰਦਾਜ਼ੀ tīrandazī	ਇਮਾਰਤਸਾਜ਼ imāratsāz	ਬਾਂਹ　　bānh

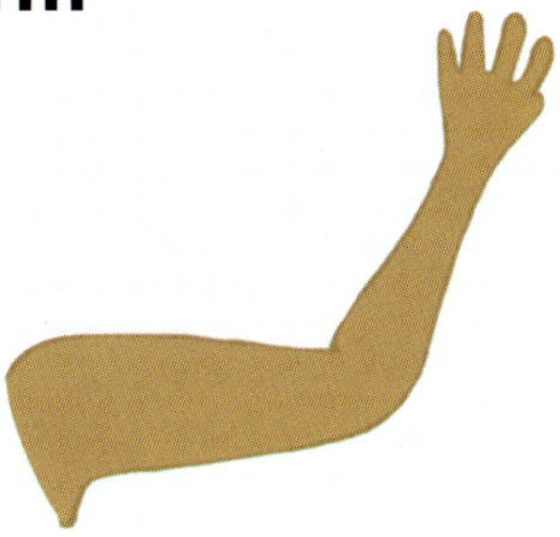

armour US English **armor**	**arrow**	**artist**
ਕਵਚ　　kawach	ਤੀਰ　　tīr	ਚਿੱਤਰਕਾਰ　　chitarkār

asparagus	**astronaut**	**astronomer**
ਨਾਗਦਾਮਨ nāgdaman	ਪੁਲਾੜ ਯਾਤਰੀ pulār yātrī	ਖਗੋਲ ਵਿਗਿਆਨੀ khagol vigānī

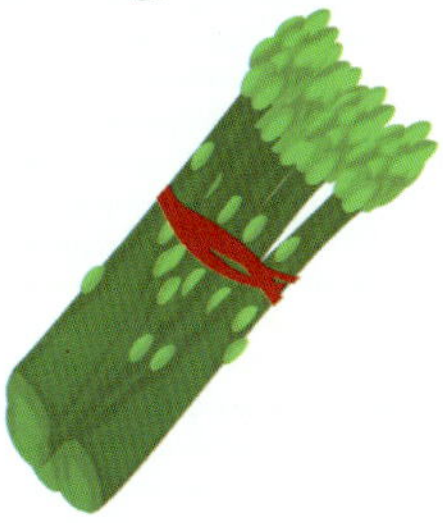

athlete	**atlas**	**aunt**
ਖਿਡਾਰੀ　　khidārī	ਨਕਸ਼ਿਆਂ ਦੀ ਪੁਸਤਕ nakshiyān dī pustak	ਚਾਚੀ/ਮਾਮੀ chāchī/māmī

a b c d e f g h i j k l m n o p q r s t u v w x y z

5

a b c d e f g h i j k l m n o p q r s t u v w x y z

author

ਲੇਖਕ lekhak

automobile

ਮੋਟਰ ਗੱਡੀ
motor gaddī

autumn

ਪੱਤਝੜ patjhar

avalanche

ਬਰਫ਼ ਦੀ ਚੱਟਾਨ
barf dī chattān

award

ਪੁਰਸਕਾਰ purskār

axe

ਕੁਹਾੜੀ kuhārī

Bb

baby

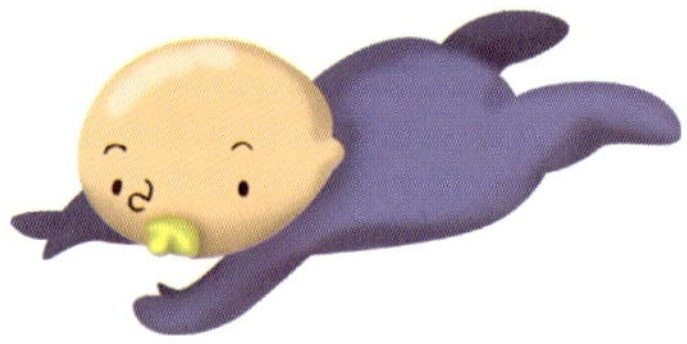

ਬੱਚਾ bachhā

back

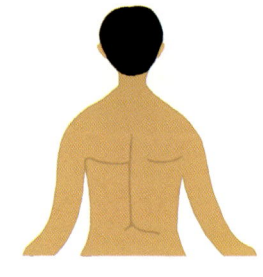

ਪਿੱਠ pitth

bacon

ਸੂਰ ਦਾ ਮਾਸ
sūr da mās

badge

ਬਿੱਲਾ billā

badminton

ਚਿੜੀ-ਛਿੱਕਾ
chirī chhikā

bag ਥੈਲਾ thailā	**baker** ਨਾਨਬਾਈ nānbaī	**balcony** ਛੱਜਾ chhajjā
bald ਗੰਜਾ ganjā	**ball** ਗੇਂਦ gend	**ballerina** ਨਰਤਕੀ nartakī
balloon ਗੁਬਾਰਾ gubbārā	**bamboo** ਬਾਂਸ bāns	**banana** ਕੇਲਾ kelā
band ਬੈਂਡ baind	**bandage** ਪੱਟੀ pattī	**barbeque** ਤੰਦੂਰੀ ਰਸੋਈ tandūrī rasoī

a
b
c d e f g h i J k l m n o p q r s t u v w x y z

barn  ਬਾੜਾ bārā	**barrel**  ਡਰੰਮ drum	**baseball** 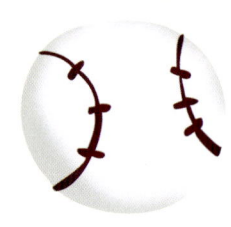 ਬੇਸ ਬਾਲ base bāl
basket  ਟੋਕਰੀ tokrī	**basketball**  ਬਾਸਕੇਟ ਬਾਲ basket bāl	**bat**  ਚਮਗਾਦੜ chamgādar
bath  ਇਸ਼ਨਾਨ ਟੱਬ ishnān tub	**battery**  ਬੈਟਰੀ battery	**bay**  ਖਾੜੀ khārī
beach  ਸਮੁੰਦਰ-ਤੱਟ samunder tatt	**beak**  ਚੁੰਝ chunjh	**bean**  ਫਲੀ phalī

8

bear

ਭਾਲੂ bhālū

beard

ਦਾੜੀ dārhī

bed

ਮੰਜਾ manjā

bee

ਮੱਖੀ makkhī

beetle

ਭਮਵਰਾ bhanwarā

beetroot

ਚਕੰਦਰ chukandar

bell

ਘੰਟੀ ghantī

belt

ਪੇਟੀ petī

berry

ਰਸਭਰੀ rasbharī

bicycle

ਸਾਈਕਲ sāikal

billiards

ਬਿਲੀਅਰਡ biliyard

bin

ਡੱਬਾ dabbā

a b c d e f g h i j k l m n o p q r s t u v w x y z

bird	**biscuit**	**black**
ਪੰਛੀ panchhī	ਬਿਸਕੁਟ biskut	ਕਾਲਾ kālā
blackboard	**blanket**	**blizzard**
ਬਲੈਕਬੋਰਡ balaikborad	ਕੰਬਲ kambal	ਬਰਫ਼ ਦਾ ਤੂਫ਼ਾਨ baraf dā tūfan
blood	**blue**	**boat**
ਖ਼ੂਨ khūn	ਨੀਲਾ nīlā	ਕਿਸ਼ਤੀ kishtī
body	**bone**	**book**
ਸਰੀਰ sharīr	ਹੱਡੀ haddī	ਕਿਤਾਬ kitāb

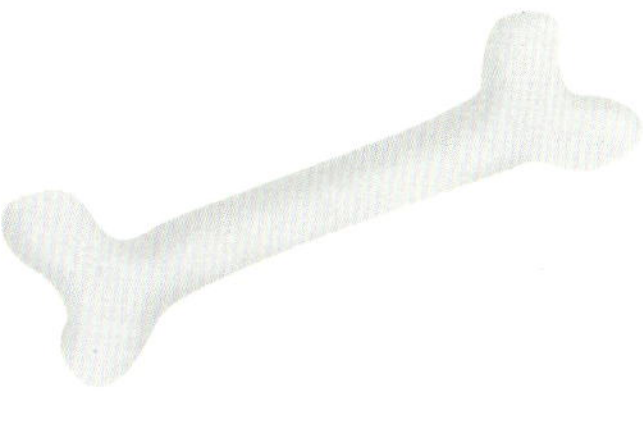

boot

ਜੁਤਾ jūtā

bottle

ਬੋਤਲ botal

bow

ਨਿੱਕੀ ਟਾਈ nikkī tāī

bowl

ਪਿਆਲਾ pyālā

box

ਡੱਬਾ dabbā

boy

ਮੁੰਡਾ mundā

bracelet

ਕੰਗਨ kangan

brain

ਦਿਮਾਗ dimāg

branch

ਟਾਹਣੀ tāhnī

bread

ਰੋਟੀ rotī

breakfast

ਨਾਸ਼ਤਾ nāshtā

brick

ਇੱਟ itt

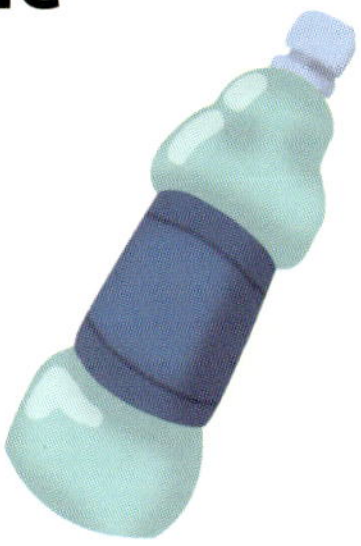

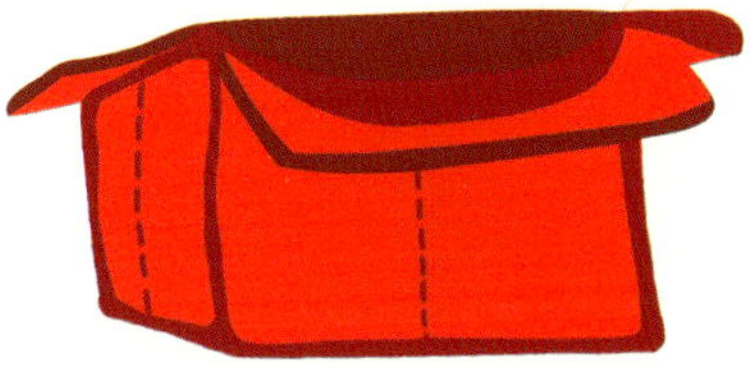

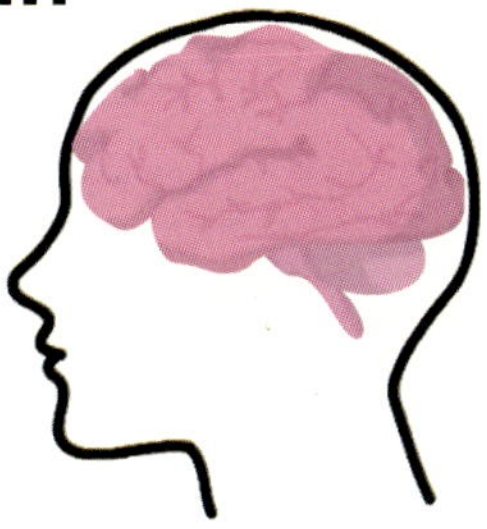

a b c d e f g h i j k l m n o p q r s t u v w x y z

a b c d e f g h i j k l m n o p q r s t u v w x y z

bride

ਲਾੜੀ lārī

bridegroom

ਲਾੜਾ lārā

bridge

ਪੁਲ pull

broom

ਝਾੜੂ jhārū

brother

ਭਰਾ bhrā

brown

ਭੂਰਾ bhūrā

brush

ਬੁਰਸ਼ burush

bubble

ਬੁਲਬੁਲਾ bulbulā

bucket

ਬਾਲਟੀ baltī

buffalo

ਮੱਝ majjh

building

ਇਮਾਰਤ imārat

bulb

ਬਲਬ bulb

bull
ਸਾਂਢ sānd

bun
ਮਿੱਠੀ ਰੋਟੀ mitthī rotī

bunch
ਗੁੱਛਾ guchhā

bundle
ਗੱਠੜੀ gatharī

bungalow
ਬੰਗਲਾ bangalā

burger
ਬਰਗਰ bargar

bus
ਬੱਸ bas

bush
ਝਾੜੀ jhārī

butcher
ਕਸਾਈ kasāī

butter
ਮੱਖਣ makkhan

butterfly
ਤਿਤਲੀ titlī

button
ਬਟਨ battan

a **b** c d e f g h i J K l m n o p q r s t u v w x y z

13

Cc

cabbage

ਬੰਦ ਗੋਭੀ band-gobhī

cabinet

ਅਲਮਾਰੀ almārī

cable

ਤਾਰ tār

cable car

ਕੇਬਲ ਕਾਰ cable cār

cactus

ਥੋਹਰ thohar

cafe

ਕਾਫੀ-ਘਰ kāfīghar

cage

ਪਿੰਜਰਾ pinjrā

cake

ਕੇਕ cake

calculator

ਕੈਲਕੁਲੇਟਰ kailkulator

calendar

ਕਲੰਡਰ kalender

calf

ਵੱਛਾ vachhā

camel
ਊਠ ūnt

camera
ਕੈਮਰਾ kaimarā

camp
ਸ਼ਿਵਿਰ shivir

can
ਪੀਪਾ pīpā

canal
ਨਹਿਰ nehar

candle
ਮੋਮਬੱਤੀ mombattī

canoe
ਡੋਂਗੀ dounghī

canteen
ਕੰਟੀਨ kantīn

cap
ਟੋਪੀ topī

captain
ਕਪਤਾਨ nāyak

car
ਗੱਡੀ gaddī

caravan
ਕਾਫ਼ਲਾ kāfilā

15

a b c d e f g h i j k l m n o p q r s t u v w x y z

card

ਕਾਰਡ kārad

carnival

ਆਨੰਦ-ਉਤਸਵ
ānand utsav

carpenter

ਤਰਖਾਣ tarkhān

carpet

ਗਲੀਚਾ galīchā

carrot

ਗਾਜਰ gājar

cart

ਠੇਲ੍ਹਾ thelā

cartoon

ਵਿਅੰਗ-ਚਿੱਤਰ
viangg chittar

cascade

ਛੋਟਾ ਝਰਨਾ
chhotā jharnā

castle

ਕਿਲਾ kilā

cat

ਬਿੱਲੀ billī

caterpillar

ਸੁੰਡੀ sundī

cauliflower

ਫੁੱਲ ਗੋਭੀ phull gobhī

cave

ਗੁਫਾ guphā

ceiling

ਛੱਤ chhatt

centipede

ਕੰਨਖਜੂਰਾ kankhajūrā

centre
US English **center**

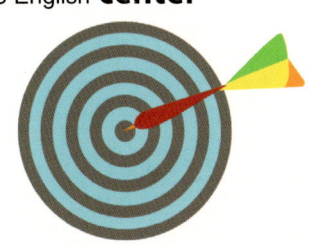

ਕੇਂਦਰ kendar

cereal

ਅੰਨ ann

chain

ਜੰਜੀਰ janjīr

chair

ਕੁਰਸੀ kursī

chalk

ਚਾਕ chāk

cheek

ਗਲ੍ਹ gālh

cheese

ਪਨੀਰ panīr

chef

ਰਸੋਈਆ rasoiā

cherry

ਚੈਰੀ chairī

chess

ਸ਼ਤਰੰਜ shatranj

chest

ਛਾਤੀ chhātī

chick

ਚੂਜ਼ਾ chūzā

chilli
US English **chili**

ਮਿਰਚ mirch

chimney

ਚਿਮਨੀ chimnī

chin

ਠੋਡੀ thhodī

chocolate

ਚਾਕਲੇਟ chāklet

christmas

ਕ੍ਰਿਸਮਿਸ krismas

church

ਗਿਰਜਾਘਰ girjāghar

cinema

ਸਿਨੇਮਾ cinemā

circle

ਦਾਇਰਾ dayerā

circus

ਸਰਕਸ sarkas

city

ਸ਼ਹਿਰ shehar

classroom

ਕਲਾਸ kalās

clinic

ਦਵਾਖ਼ਾਨਾ
davākhānā

clock

ਘੜੀ gharī

cloth

ਕੱਪੜਾ kaprā

cloud

ਬੱਦਲ bādal

clown

ਮਸਖ਼ਰਾ maskhara

coal

ਕੋਲਾ kolā

coast

ਸਮੁੰਦਰ ਤੱਟ
samunder tatt

coat

ਕੋਟ kot

cobra

ਨਾਗ nāg

cockerel

US English **rooster**

ਮੁਰਗਾ murgā

a b c d e f g h i j k l m n o p q r s t u v w x y z

cockroach

ਕਾਕਰੋਚ kaokroach

coconut

ਨਾਰੀਅਲ nāriyal

coffee

ਕਾਫੀ kāfī

coin

ਸਿੱਕਾ sikkā

colour

US English **color**

ਰੰਗ rang

comb

ਕੰਘਾ kanghā

comet

ਪੂਛਲ ਤਾਰਾ
pūchhal tārā

compass

ਦਿਸ਼ਾ ਸੂਚਕ ਯੰਤਰ
dishāsūchak yantra

computer

ਕੰਪਿਊਟਰ kamputar

cone

ਸ਼ੰਕੂ shankū

container

ਭਾਡਾ bhāndā

cook

ਰਸੋਈਆ rasoīyā

cookie ਬਿਸਕੁਟ biskut	**cord** ਡੋਰੀ dorī	**corn** ਮੱਕੀ makkī
cot ਮੰਜਾ manjā	**cottage** ਕੁਟੀਆ kutiyā	**cotton** ਕਪਾਹ kapāh
country ਦੇਸ਼ desh	**couple** ਜੋੜਾ jorā	**court** ਅਦਾਲਤ adālat
cow ਗਾਂ gān	**crab** ਕੇਕੜਾ kekrā	**crane** ਕਰੇਨ karen

a b **c** d e f g h i J k l m n o p q r s t u v w x y z

crayon	**crocodile**	**cross**
ਰੰਗਦਾਰ ਪੈਂਸਿਲ rangdār pencil	ਮਗਰਮੱਛ magarmachh	ਸਲੀਬ salīb
crow	**crowd**	**crown**
ਕਾਂ kān	ਭੀੜ bhīrh	ਮੁਕਟ mukat
cube	**cucumber**	**cup**
ਘਣ ghan	ਖੀਰਾ khīrā	ਪਿਆਲਾ pyālā
cupboard	**curtain**	**cushion**
ਅਲਮਾਰੀ almārī	ਪਰਦਾ pardā	ਗੱਦੀ gaddī

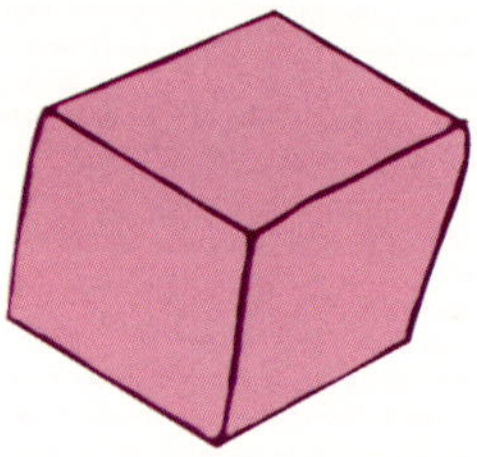

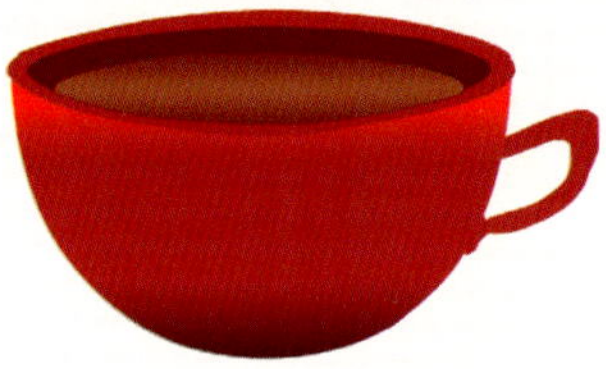

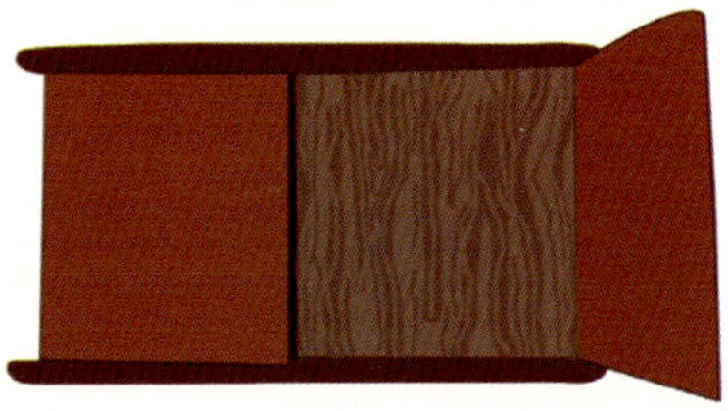

Dd

dam
ਬੰਨ੍ਹ   bānh

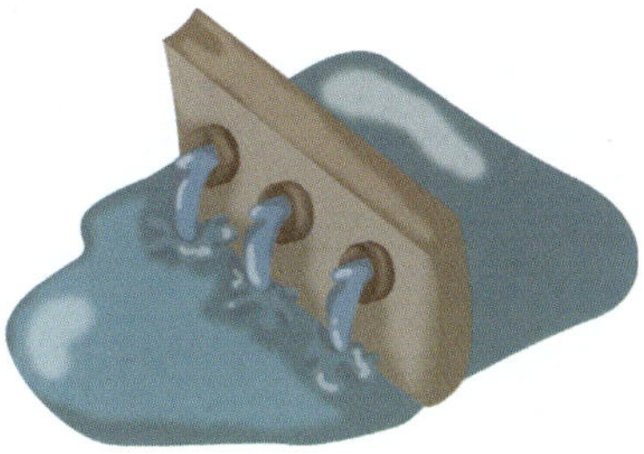

dancer
ਨਰਤਕੀ   nartakī

dart
ਬਰਛੀ   barchhī

data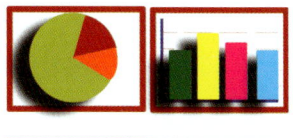
ਅੰਕੜੇ   ānkare

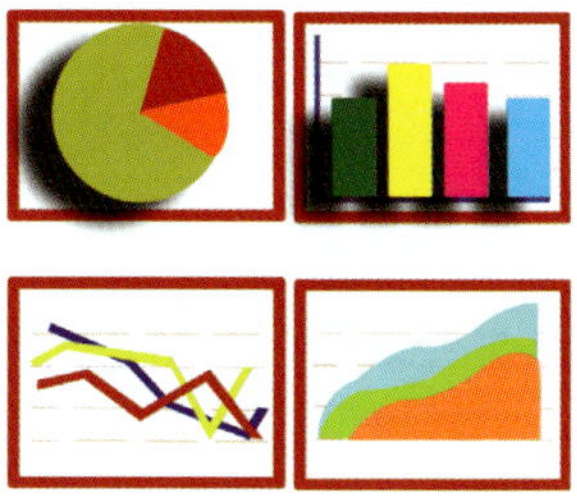

dates
ਖਜੂਰ   khajūr

daughter
ਧੀ   dhī

day
ਦਿਨ   din

deck
ਤਾਸ਼ ਦੀ ਗੱਡੀ   tāsh di gaddī

deer
ਹਿਰਨ   hiran

den
ਗੁਫਾ   guphā

dentist
ਦੰਦਾਂ ਦਾ ਡਾਕਟਰ   dandā da doctor

desert 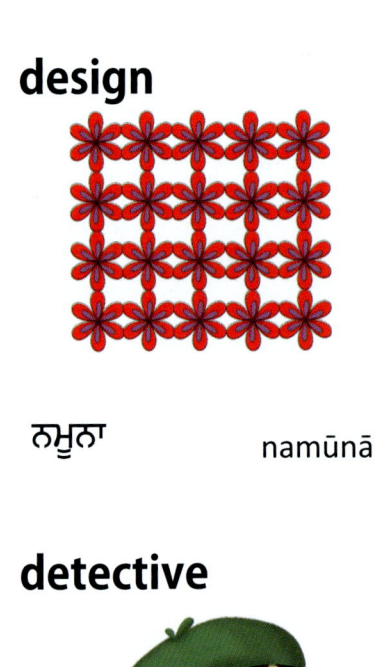 ਰੇਗਿਸਤਾਨ registān	**design** ਨਮੂਨਾ namūnā	**desk**  ਮੇਜ਼ mez
dessert ਮਠਿਆਈ mathiaī	**detective** ਗੁਪਤਚਰ guptachar	**diamond** ਹੀਰਾ hīrā
diary  ਰੋਜ਼ਨਾਮਚਾ roznāmchā	**dice** 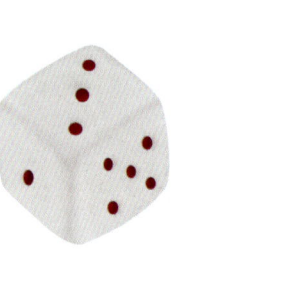 ਪਾਸਾ pāssā	**dictionary**  ਸ਼ਬਦਕੋਸ਼ shabdkosh
dinosaur  ਡਾਇਨਾਸੋਰ dyānāshor	**disc**  ਚੱਕਰ chakkr	**dish**  ਥਾਲੀ thālī

a b c **d** e f g h i j k l m n o p q r s t u v w x y z

24

diver

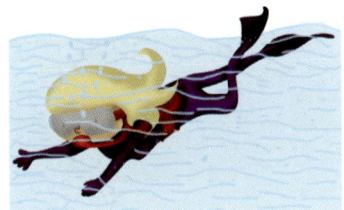

ਗੋਤਾਖੋਰ gotākhor

dock

ਬੰਦਰਗਾਹ bandargāh

doctor

ਡਾਕਟਰ dāktar

dog

ਕੁੱਤਾ kuttā

doll

ਗੁੱਡੀ guddī

dolphin

ਡਾਲਫ਼ਿਨ dālphin

dome

ਗੁੰਬਦ gumbad

domino

ਪਾਸਾ pāssā

donkey

ਗਧਾ gadhā

donut

ਮਿਠਾ ਕੇਕ mithā kek

door

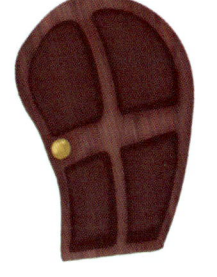

ਦਰਵਾਜ਼ਾ darvāzā

dough

ਗੁੰਨਿਆ ਹੋਇਆ ਆਟਾ
guniā hoeā ātā

dragon	**drain**	**drawer**
ਅਜਗਰ ajgar	ਨਾਲੀ nālī	ਦਰਾਜ darāj
drawing	**dream**	**dress**
ਚਿਤਰਕਲਾ chitarkalā	ਸੁਪਨਾ supnā	ਪੋਸ਼ਾਕ poshāk
drink	**driver**	**drop**
ਪੀਣਾ peena	ਚਾਲਕ chālak	ਬੂੰਦ būnd
drought	**drum**	**duck**
ਸੋਕਾ sokā	ਢੋਲ dhol	ਬੱਤਖ batakh

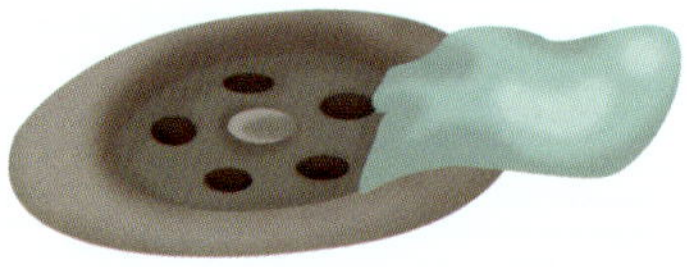

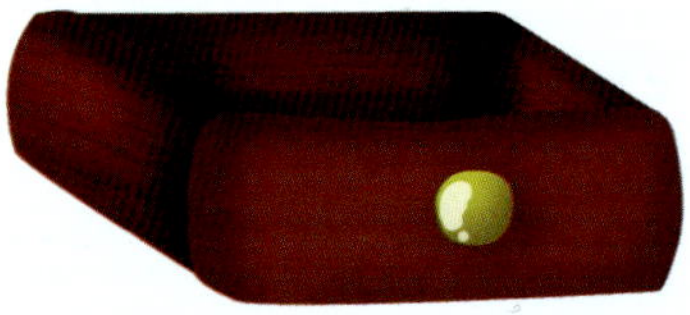

dustbin
US English **trash can**

ਕੂੜੇਦਾਨ kūredān

duvet

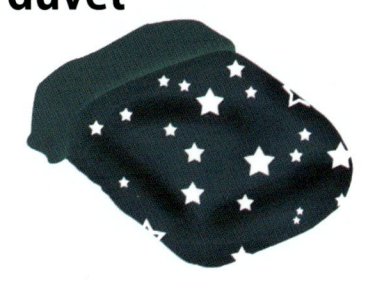

ਰਜ਼ਾਈ razāī

dwarf

ਬੌਣਾ baunā

Ee

eagle

ਉਕਾਬ ukāb

ear

ਕੰਨ kann

earring

ਕੰਨ ਦੀ ਬਾਲੀ
kann di bāli

earth

ਧਰਤੀ dhartī

earthquake

ਭੁਚਾਲ bhūchāl

earthworm

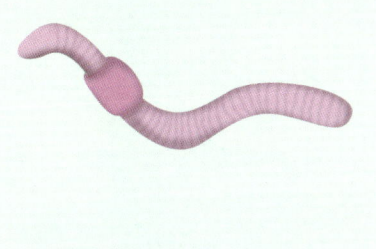

ਗੰਡੋਆ gandoā

eclipse

ਗ੍ਰਹਿਣ grehan

edge

ਕਿਨਾਰਾ kinārā

a b c d e f g h i j k l m n o p q r s t u v w x y z

a b c d e f g h i j k l m n o p q r s t u v w x y z

eel

ਬਾਮ ਮੱਛੀ
bām machhī

egg

ਅੰਡਾ andā

eight

ਅੱਠ atth

elastic

ਲਚਕੀਲਾ ਫਿਤਾ
lachkīlā fīta

elbow

ਕੁਹਣੀ kuhanī

electrician

ਬਿਜਲੀ ਮਿਸਤਰੀ
bijlī mistry

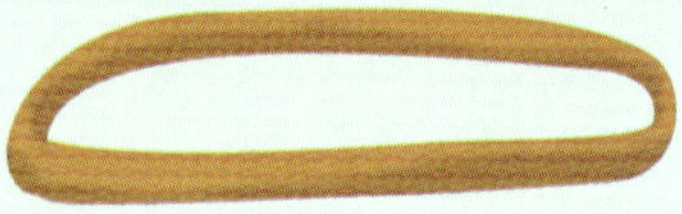

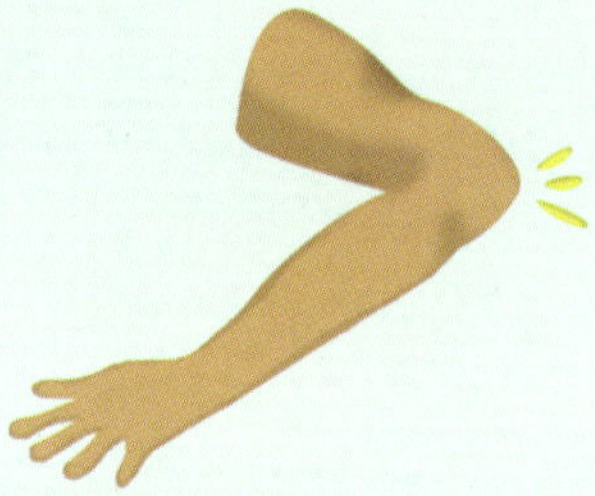

electricity

ਬਿਜਲੀ bijlī

elephant

ਹਾਥੀ hāthī

elevator

ਲਿਫ਼ਟ lift

elf

ਜਾਦੂਈ ਬੌਣਾ
jādui baunā

email

ਈਮੇਲ email

embroidery

ਕਸ਼ੀਦਾਕਾਰੀ
kashīdākārī

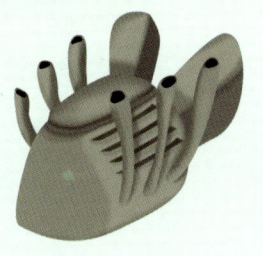

engine
ਇੰਜਨ injan

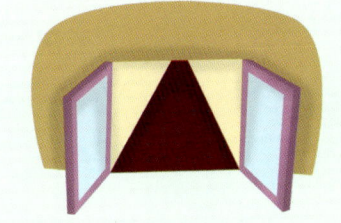

entrance
ਪਰਵੇਸ਼ parvesh

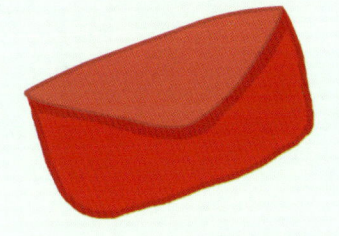

envelope
ਲਿਫਾਫਾ lifāfā

equator
ਭੂ-ਮੱਧ ਰੇਖਾ
bhu-madh rekhā

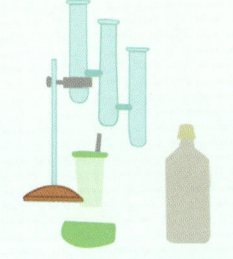

equipment
ਸਾਜ਼ ਸਮਾਨ
sāz samān

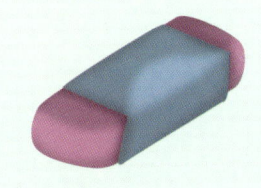

eraser
ਰਬੜ rabar

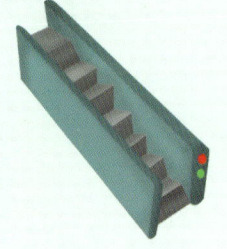

escalator
ਬਿਜਲੀ ਦੀ
bijlī dī pauṛī

eskimo
ਐਸਕੀਮੋ eskimo

evening
ਸ਼ਾਮ shām

exhibition
ਪ੍ਰਦਰਸ਼ਨੀ pardarshnī

eye
ਅੱਖ akkh

eyebrow
ਭਰਵੱਟਾ bharvattā

Ff

fabric
ਕੱਪੜਾ kaprā

face
ਚਿਹਰਾ chehrā

factory
ਕਾਰਖ਼ਾਨਾ kārkhānā

fairy
ਪਰੀ parī

family
ਪਰਿਵਾਰ parivār

fan
ਪੱਖਾ pakkhā

farm
ਖੇਤ khet

farmer
ਕਿਸਾਨ kisān

fat
ਮੋਟਾ motā

father
ਪਿਉ peo

feather
ਖੰਭ khamb

female

ਨਾਰੀ nārī

fence

ਵਾੜ vār

ferry

ਕਿਸ਼ਤੀ kishtī

field

ਮੈਦਾਨ maidān

fig
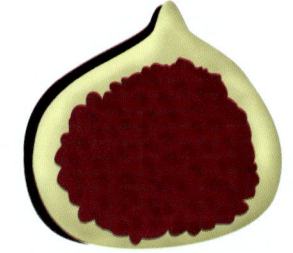
ਅੰਜੀਰ anjīr

file

ਫਾਈਲ phail

film

ਫਿਲਮ philam

finger

ਉਂਗਲੀ unglī

fire

ਅੱਗ agg

fire engine

ਅੱਗ ਬੁਝਾਉਣ ਵਾਲੀ ਗੱਡੀ
agg bujhaun wāli gaddī

fire fighter

ਅੱਗ ਬੁਝਾਉਣ ਵਾਲਾ ਬੰਦਾ
agg bujhaun wālā bandā

fireworks

ਆਤਿਸ਼ਬਾਜ਼ੀ
ātashbāzī

fish — ਮੱਛੀ — machhī

fist — ਮੁੱਕਾ — mukkā

five — ਪੰਜ — panj

flag — ਝੰਡਾ — jhandā

flame — ਲੋਅ — lau

flamingo — ਰਾਜਹੰਸ — rāj-hans

flask — ਥਰਮਸ — tharmas

flock — ਇੱਜੜ — ijjad

flood — ਹੜ — harr

floor — ਫਰਸ਼ — farsh

florist — ਫੁੱਲ ਵਿਕ੍ਰੇਤਾ — phull vikretā

flour — ਆਟਾ — āttā

flower

ਫੁੱਲ phull

flute

ਬਾਂਸਰੀ bānsrī

fly

ਮੱਖੀ makkhī

foam

ਝੱਗ jhagg

fog

ਧੁੰਦ dhundh

foil

ਪੱਤਰ pattar

food

ਭੋਜਨ bhojan

foot

ਪੈਰ pair

football

ਫੁੱਟਬਾਲ football

forearm

ਬਾਜ਼ੂ bāzu

forehead

ਮੱਥਾ matthā

forest

ਜੰਗਲ jangal

a b c d e f g h i j k l m n o p q r s t u v w x y z

fork	**fortress**	**fountain**
ਕਾਂਟਾ kāntā	ਕਿਲ੍ਹਾ kilā	ਫੁਹਾਰਾ fuharā
four	**fox**	**frame**
ਚਾਰ chār	ਲੂੰਬੜੀ lumbari	ਢਾਂਚਾ dhānchā
freezer	**fridge** US English **refrigerator**	**friend**
ਫਰੀਜ਼ਰ frīzar	ਫਰਿਜ frij	ਮਿੱਤਰ mittar
frog	**fruit**	**fumes**
ਡੱਡੂ daddū	ਫਲ phal	ਧੂੰਆਂ dhuān

funnel

ਕੁਪੀ kuppī

furnace

ਭੱਠੀ bhatthī

furniture

ਫਰਨੀਚਰ
pharnīchar

Gg

gadget

ਗੈਜਟ gaiget

gallery

ਫੋਟੋ ਗੈਲਰੀ
photo gallerī

game

ਖੇਡ khed

gap

ਫਾਸਲਾ phāslā

garage

ਗਰਾਜ garāj

garbage

ਕੂੜਾ kūrā

garden

ਬਾਗ bāg

garland

ਹਾਰ hār

a
b
c
d
e
f
g
h
i
j
k
l
m
n
o
p
q
r
s
t
u
v
w
x
y
z

garlic

ਲੱਸਣ lassan

gas

ਗੈਸ gais

gate

ਫਾਟਕ phātak

gem

ਰਤਨ rattan

generator

ਜਰਨੇਟਰ janrator

germ

ਕੀਟਾਣੂ kitānū

geyser

ਗਰਮ ਪਾਣੀ ਦਾ ਚਸ਼ਮਾ
garam pāni da chasmā

ghost

ਭੁਤ bhūt

giant

ਦਾਨਟ dānav

gift

ਤੋਹਫਾ tohfā

ginger

ਅਦਰਕ adrak

giraffe

ਜਿਰਾਫ਼ jirāf

girl
ਕੁੜੀ   kurī

glacier
ਬਰਫ਼ ਦੀ ਚੱਟਾਨ
barf di chattān

glass
ਕੱਚ   kacch

glider
ਇੰਜਨ ਰਹਿਤ ਜਹਾਜ਼
injan rehat jahāz

globe
ਨਕਸ਼ੇ ਦਾ ਗੋਲਾ
naqshe da golā

glove
ਦਸਤਾਨਾ   dastānā

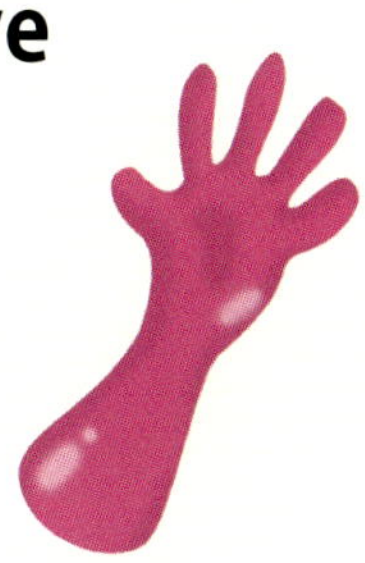

glue

ਗੋਂਦ   gond

goal
ਨਿਸ਼ਾਨਾ   nishānā

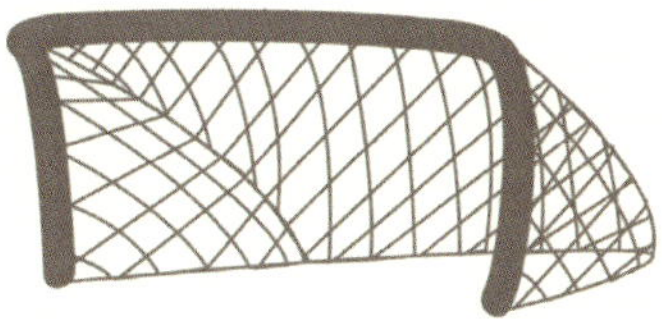

goat

ਬੱਕਰੀ   bakrī

gold
ਸੋਨਾ   sonā

golf
ਗੋਲਫ਼ ਦੀ ਖੇਡ
golf di khed

goose
ਹੰਸ   hans

37

a b c d e f **g** h i J k l m n o p q r s t u v w x y z

a b c d e f **g** h i j J k l m n o p q r s t u v w x y z

gorilla

ਜੰਗਲੀ ਮਨੁੱਖ
janglī mānukh

grain

ਅਨਾਜ   anāj

grandfather

ਦਾਦਾ/ਨਾਨਾ
dādā/nānā

grandmother

ਦਾਦੀ/ਨਾਨੀ
dādī /nānī

grape

ਅੰਗੂਰ   angūr

grapefruit

ਨਾਰੰਗੀ   nārangī

grass

ਘਾਹ   ghāh

grasshopper

ਟਿੱਡਾ   tiddā

gravel

ਬਜਰੀ ਗ਼ਡੀ   bajrī gaddi

green

ਹਰਾ   harā

grey

ਸਲੇਟੀ   saletī

grill

ਭੁੰਨਣ ਦੀ ਜਾਲੀ
bhunan di jālī

grocery
ਕਰਿਆਨਾ kiriānā

ground
ਜ਼ਮੀਨ zamīn

guard
ਪਹਿਰੇਦਾਰ pehredār

guava
ਅਮਰੂਦ amrūd

guide
ਪੱਥ ਪ੍ਰਦਰਸ਼ਕ path pardarshak

guitar
ਗਿਟਾਰ gitār

gulf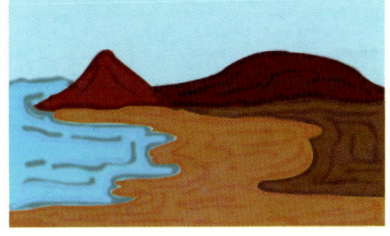
ਖਾੜੀ khāṛī

gun
ਬੰਦੂਕ bandūk

gypsy
ਖਾਨਾਬਦੋਸ਼ khānābadosh

Hh

hair
ਵਾਲ vāl

hairbrush
ਵਾਲਾਂ ਦਾ ਬੁਰਸ਼ vālān da bursh

39

a b c d e f **g** **h** i j k l m n o p q r s t u v w x y z

hairdresser  ਨਾਈ — nāī	**half** 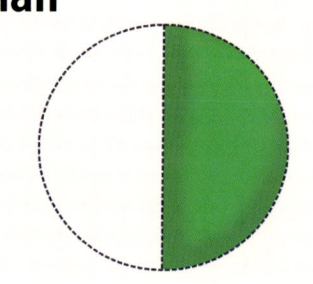 ਅੱਧਾ — adhā	**hall**  ਵੱਡਾ ਕਮਰਾ — vaddā kamrā
ham  ਸੂਰ ਦਾ ਮਾਸ — sūr da mās	**hammer**  ਹਥੌੜੀ — hathaurī	**hammock**  ਪੀਂਘ — pīngh
hand  ਹੱਥ — hatth	**handbag**  ਥੈਲਾ — thailā	**handicraft**  ਦਸਤਕਾਰੀ — dastkārī
handkerchief  ਰੁਮਾਲ — rumāl	**handle** 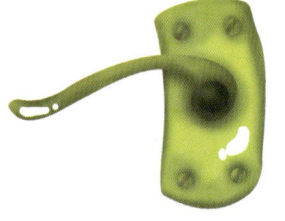 ਹੱਥਾ — hatthā	**hanger**  ਕਿੱਲੀ — killī

harbour
US English **harbor**

ਬੰਦਰਗਾਹ
bandargāh

hare

ਖਰਗੋਸ਼   khargosh

harvest

ਫਸਲ   phasal

hat

ਟੋਪ   tope

hawk

ਬਾਜ਼   bāz

hay

ਸੁੱਕਾ ਘਾਹ   sukkā ghā

head

ਸਿਰ   sir

headphone

ਹੈਡਫੋਨ   headphone

heap

ਢੇਰ   dher

heart

ਦਿਲ   dil

heater

ਗਰਮ ਪੱਖਾ
garam pakhā

hedge

ਵਾੜ   wār

a b c d e f g **h** i J k l m n o p q r s t u v w x y z

a b c d e f g h i j k l m n o p q r s t u v w x y z

heel

ਅੱਡੀ addī

helicopter

ਹੈਲੀਕੌਪਟਰ
helicopter

helmet

ਲੋਹੇ ਦੀ ਟੋਪੀ
lohe di topī

hen

ਮੁਰਗੀ murgī

herb

ਜੜੀ ਬੂਟੀ jarī buttī

herd

ਇੱਜੜ ijjar

hermit

ਸਾਧੂ sādhū

hill

ਪਹਾੜੀ pahāri

hippopotamus

ਦਰਿਆਈ ਘੋੜਾ
daryayī ghodā

hive

ਛੱਤਾ chhattā

hole

ਸੁਰਾਖ surākh

honey

ਸ਼ਹਿਦ shahad

hood
ਕਨਟੋਪ kantop

hook
ਕਾਂਟਾ kāntā

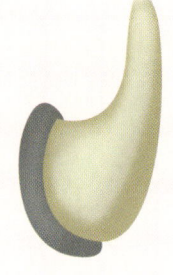

horn
ਸਿੰਗ singh

horse
ਘੋੜਾ ghorā

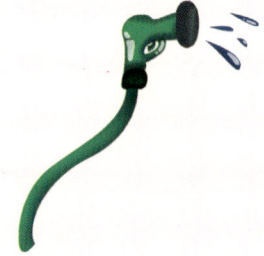

hose
ਰਬੜ ਦਾ ਪਾਇਪ
rabarh da paip

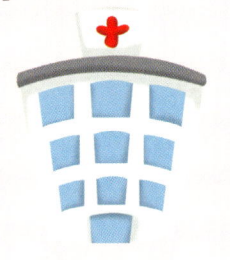

hospital
ਹਸਪਤਾਲ
haspatāl

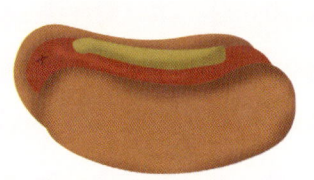

hotdog
ਗਰਮ ਕਬਾਬ
garam kabāb

hotel
ਹੋਟਲ hotal

hour
ਘਮਟਾ ghantā

house
ਮਕਾਨ makān

human
ਇਨਸਾਨ insān

hunter
ਸ਼ਿਕਾਰੀ shikārī

a b c d e f g h i j k l m n o p q r s t u v w x y z

hurricane

ਚੱਕਰਵਾਤ chakkarvāt

husband

ਪਤੀ patī

hut

ਝੌਂਪੜੀ jhonparī

Ii

ice

ਬਰਫ਼ barf

iceberg

ਹਿਮਖੰਡ himkhand

ice cream

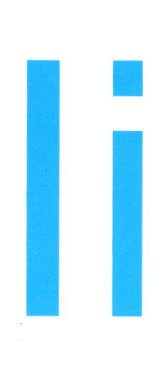

ਆਈਸ-ਕ੍ਰੀਮ āis krīm

idol

ਮੂਰਤੀ mūrtī

igloo

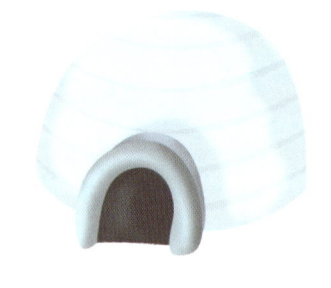

ਬਰਫ਼ ਘਰ baraf ghar

inch

ਇੰਚ inch

injection

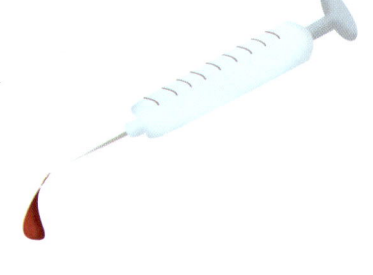

ਟੀਕਾ tīkā

injury

ਚੋਟ chot

ink
ਸਿਆਹੀ shiyāhī

inn
ਸਰਾਏ sarāi

insect
ਕੀੜਾ kīrā

inspector
ਜਾਂਚ-ਕਰਤਾ
jānch kartā

instrument
ਯੰਤਰ yantra

internet
ਇੰਟਰਨੈੱਟ internet

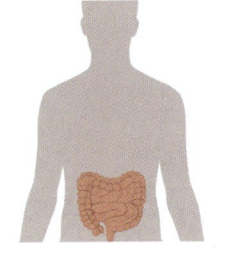

intestine
ਆਂਦਰ aandar

inventor
ਖੋਜੀ khojī

invitation
ਨਿਮੰਤ੍ਰਣ nimantaran

iron
ਕੱਪੜੇ ਪ੍ਰੈਸ ਕਰਨ ਵਾਲੀ ਇਸਤ੍ਰੀ
kapre press karan vālī istrī

island
ਟਾਪੂ tāpū

ivory
ਹਾਥੀਦੰਦ hāthi-dand

a b c d e f g h i j k l m n o p q r s t u v w x y z

Jj

jackal
ਗਿੱਦੜ — giddarh

jacket
ਜੈਕਟ — jaikat

jackfruit
ਕਠਲ — kathal

jam
ਮੁਰੱਬਾ — murabbā

jar
ਮਰਤਬਾਨ — martbān

javelin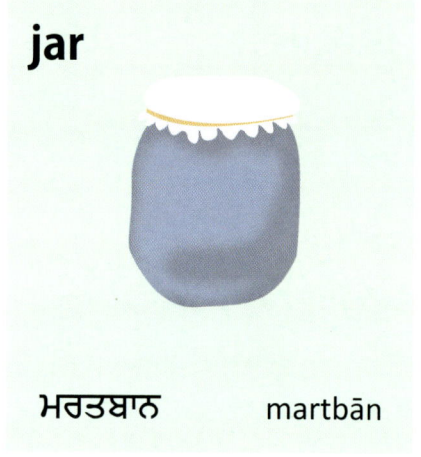
ਭਾਲਾ — bhāla

jaw
ਜਬੜਾ — jabārā

jeans
ਜੀਨ ਦੀ ਪੈਂਟ — jīn di pant

jelly
ਮੁਰੱਬਾ — murabbā

jetty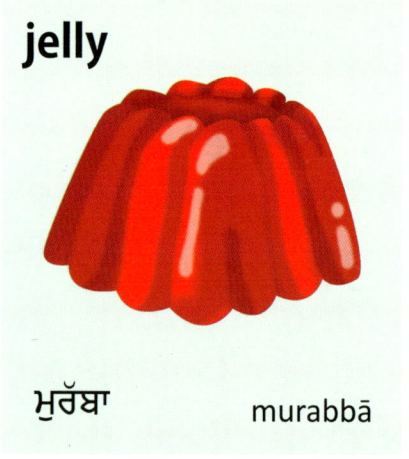
ਘਾਟ — ghāt

jewellery US English **jewelry**
ਗਹਿਣੇ — gehne

jigsaw

ਪਹੇਲੀ paheli

jockey

ਘੋੜ ਸਵਾਰ ghor sawār

joker

ਜੋਕਰ jokar

journey

ਯਾਤਰਾ yātrā

jug

ਜੱਗ jag

juggler

ਮਦਾਰੀ madārī

juice

ਰਸ ras

jungle

ਜੰਗਲ jangal

jute

ਪਟਸਨ patsan

Kk

kangaroo

ਕੰਗਾਰੂ kangārū

kennel

ਕੁੱਤਾ ਘਰ kutta ghar

a b c d e f g h i **J** **k** l m n o p q r s t u v w x y z

47

kerb
US English **curb**

ਪਟੜੀ ਦਾ ਕਿਨਾਰਾ
patrī da kināra

kerosene

ਮਿੱਟੀ ਦਾ ਤੇਲ
mittī da tel

ketchup

ਟਮਾਟਰ ਚਟਨੀ
tamatar chatanī

kettle

ਕੇਤਲੀ ketlī

key

ਚਾਬੀ chābī

keyboard

ਕੰਪੂਟਰ ਕੀਬੋਰਡ
computer keyboard

key ring

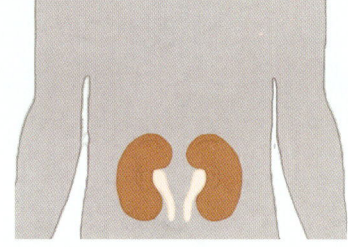

ਚਾਬੀ ਦਾ ਛੱਲਾ
chābī da chhallā

kidney

ਗੁਰਦਾ gurdā

kilogram

ਕਿਲੋਗ੍ਰਾਮ kilogram

king

ਰਾਜਾ rājā

kiosk

ਖੋਖਾ khokhā

kiss

ਚੁੰਮਣ chumman

kitchen
ਰਸੋਈ rasoī

kite
ਪਤੰਗ patang

kitten
ਬਲੂੰਗੜਾ balungrā

kiwi
ਕੀਵੀ (ਫਲ)
kīvī (fruit)

knee
ਗੋਡਾ goddā

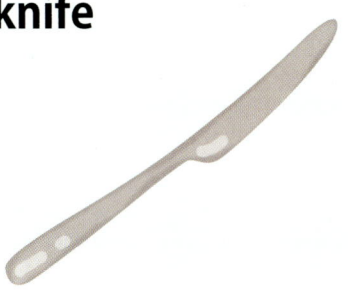

knife
ਚਾਕੂ chākū

knight
ਸੂਰਮਾ sūrmā

knitwear
ਸਵੈਟਰ sawaetar

knob
ਲਾਟੂ (ਦਰਵਾਜ਼ੇ ਦਾ)
lātu (darwāze da)

knock
ਦਸਤਕ dastak

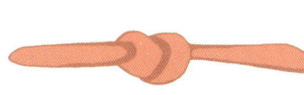

knot
ਗੰਢ gandh

knuckle
ਮੁੱਕਾ mukkā

a b c d e f g h i j k l m n o p q r s t u v w x y z

Ll

label

ਲੇਬਲ label

laboratory

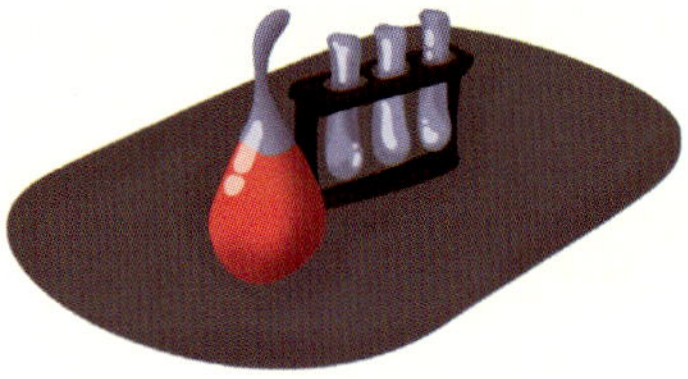

ਪ੍ਰਯੋਗਸ਼ਾਲਾ
prayogshālā

lace

ਫਤਿਾ (ਬੂਟਾਂ ਦਾ)
fīta (būtān da)

ladder

ਪੌੜੀ paurī

lady

ਔਰਤ aurat

ladybird

US English **ladybug**

ਸੋਨਪੰਖੀ sonpankhī

lagoon

ਝਲਿ jhīl

lake

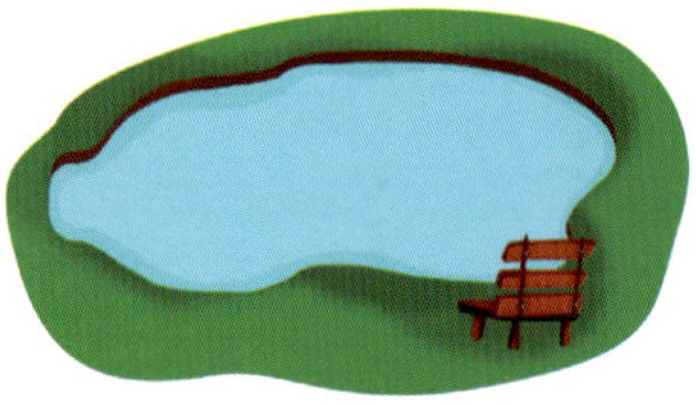

ਸਰੋਵਰ sarovar

lamb

ਮੇਮਣਾ memnā

lamp

ਬੱਤੀ battī

lamp post

ਬਿਜਲੀ ਦਾ ਖੰਭਾ
bijlī da khambā

land

ਜ਼ਮੀਨ zamīn

lane

ਗਲੀ galī

lantern

ਲਾਲਟੈਣ lāltain

laser

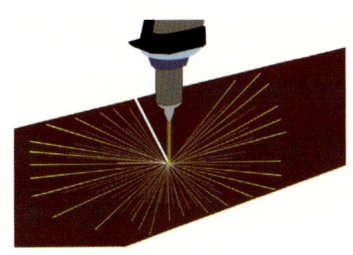

ਲੇਜ਼ਰ laizer

lasso

ਕਮੰਦ kamand

latch

ਚਿਟਕਣੀ chitkanī

laundry

ਧੋਣ ਵਾਲੇ ਕੱਪੜੇ
dhon wāle kapre

lawn

ਘਾਹ ਦਾ ਮੈਦਾਨ
ghāh da maidān

lawyer

ਵਕੀਲ vakīl

layer

ਪਰਤ parat

leaf

ਪੱਤਾ pattā

leather

ਚਮੜਾ chamrhā

a b c d e f g h i j k l m n o p q r s t u v w x y z

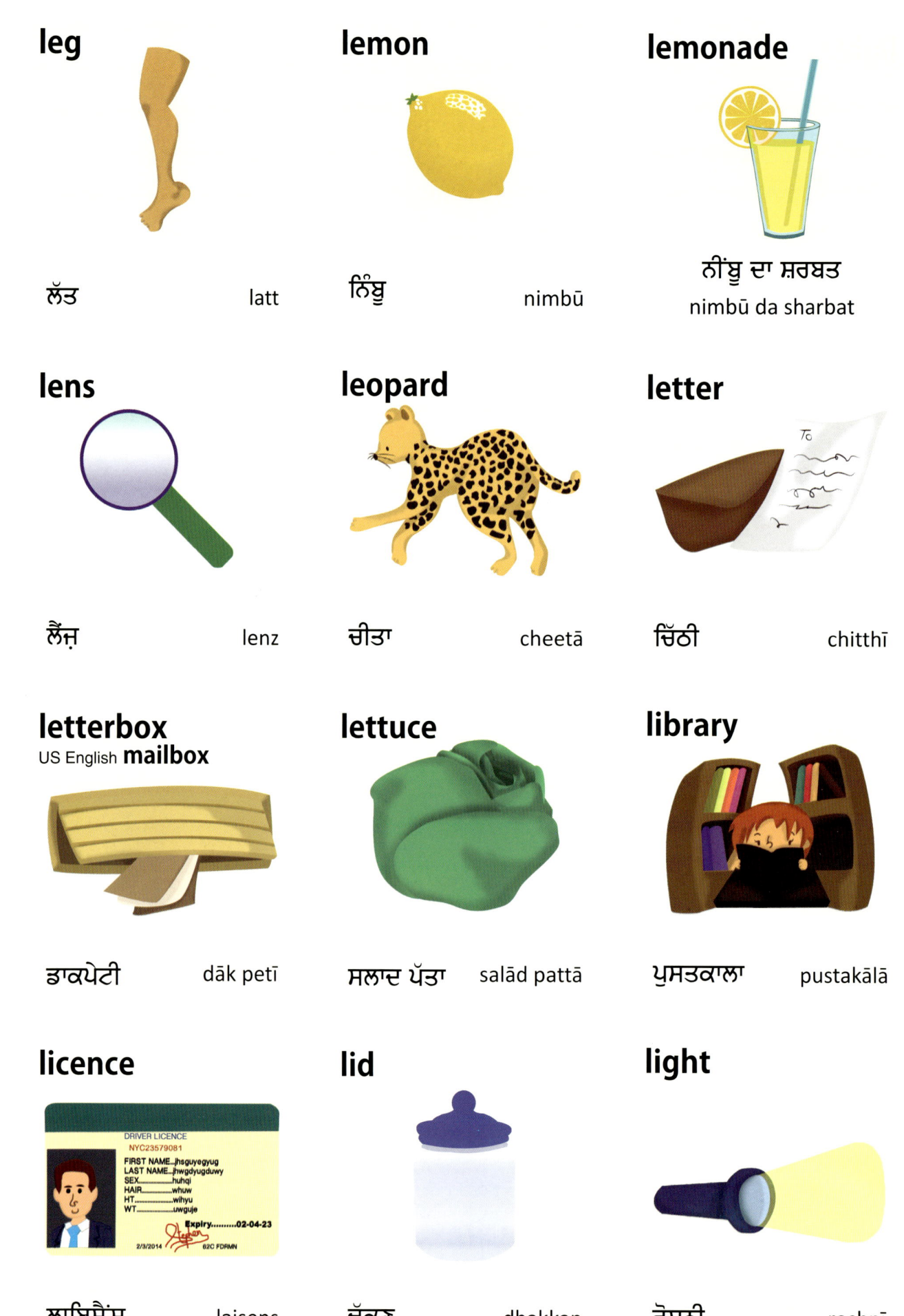

a b c d e f g h i j k l m n o p q r s t u v w x y z

leg
ਲੱਤ latt

lemon
ਨਿੰਬੂ nimbū

lemonade
ਨੀਂਬੂ ਦਾ ਸ਼ਰਬਤ
nimbū da sharbat

lens
ਲੈਂਜ਼ lenz

leopard
ਚੀਤਾ cheetā

letter
ਚਿੱਠੀ chitthī

letterbox
US English **mailbox**

ਡਾਕਪੇਟੀ dāk petī

lettuce
ਸਲਾਦ ਪੱਤਾ salād pattā

library
ਪੁਸਤਕਾਲਾ pustakālā

licence
ਲਾਇਸੈਂਸ laịsens

lid
ਢੱਕਣ dhakkan

light
ਰੋਸ਼ਨੀ roshnī

lighthouse

ਰੋਸ਼ਨ-ਮੁਨਾਰਾ
roshan munārā

limb
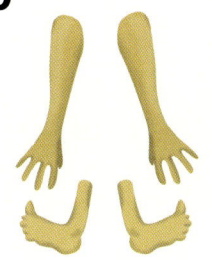
ਅੰਗ   ang

line

ਲਕੀਰ   lakīr

lion

ਸ਼ੇਰ   sher

lip

ਬੁੱਲ੍ਹ   bulh

lipstick
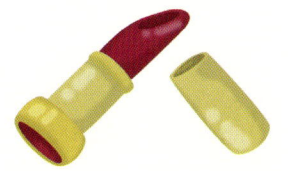
ਬੁੱਲ੍ਹਾਂ ਦੀ ਸੁਰਖ਼ੀ
bullhan dī surkhī

liquid

ਤਰਲ   tarl

list

ਸੂਚੀ   sūchī

litre
US English **liter**

ਲਿਟਰ   litar

living room

ਬੈਠਕ   baithak

lizard

ਕਿਰਲੀ   kirlī

load

ਭਾਰ   bhār

53

a b c d e f g h i j J k **l** m n o p q r s t u v w x y z

a b c d e f g h i j k **l** m n o p q r s t u v w x y z

loaf

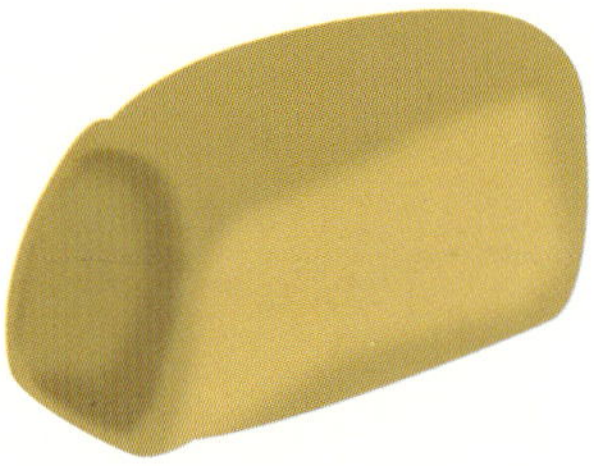

ਡਬਲਰੋਟੀ dabalrotī

lobster

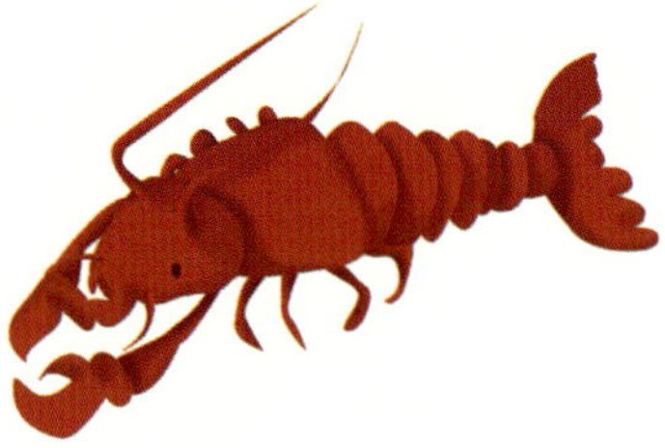

ਝੀਂਗਾ ਮੱਛੀ
jhīngā macchī

lock

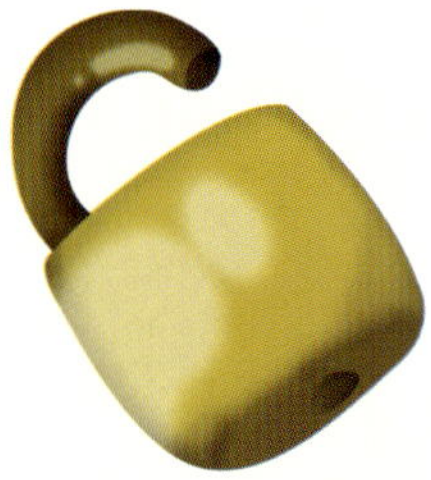

ਤਾਲਾ tālā

loft

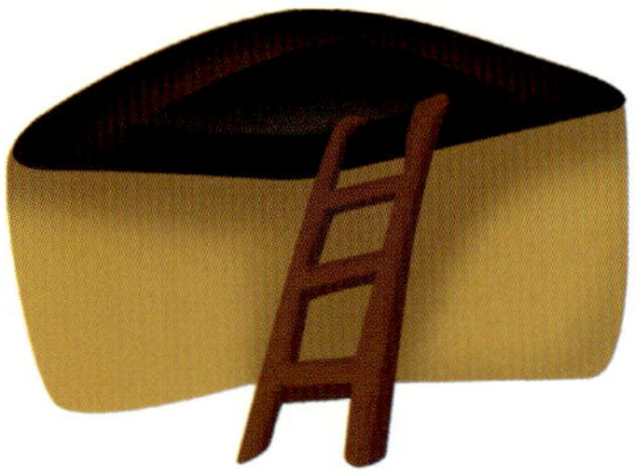

ਅਟਾਰੀ atārī

log

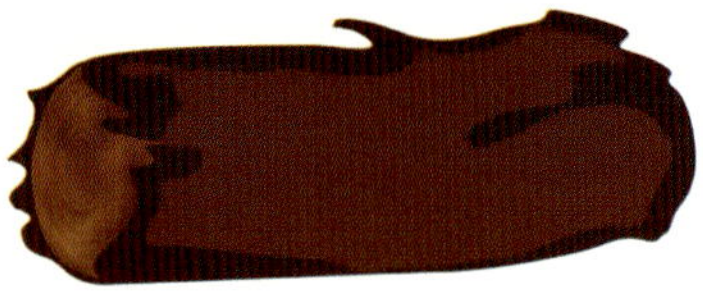

ਲੱਕੜ lakkar

loop

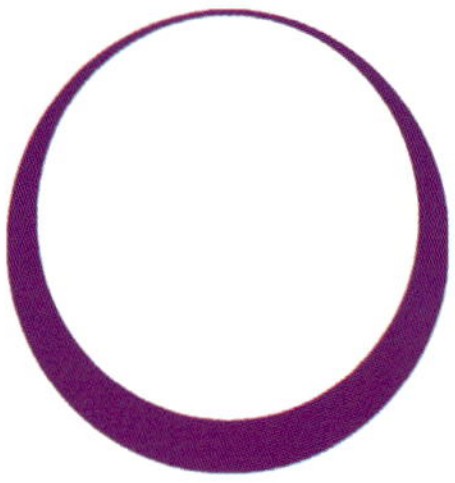

ਘੁੰਡੀ ghudī

lorry

US English **truck**

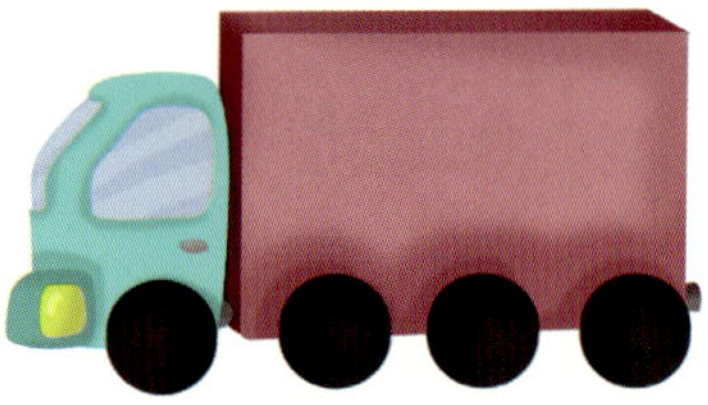

ਟਰੱਕ truck

lotus

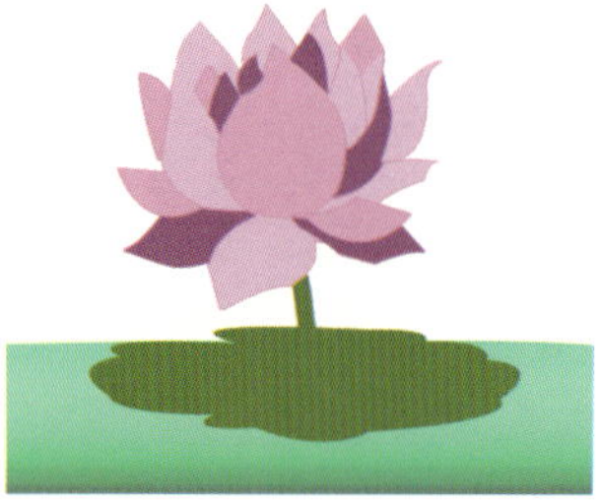

ਕਮਲ kamal

louse

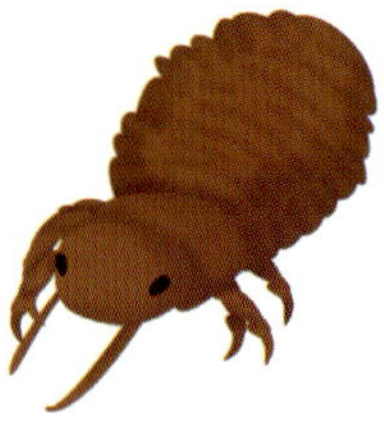

ਜੂੰ jūn

luggage

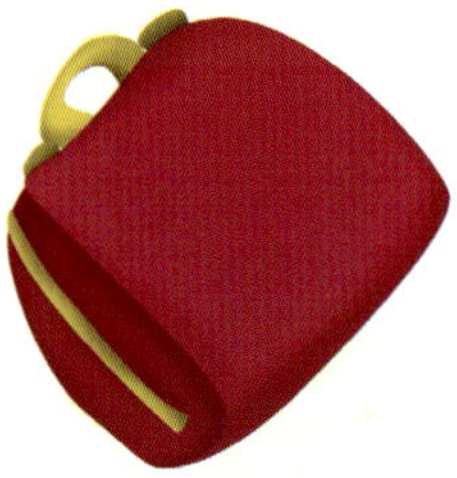

ਸਮਾਨ samān

lunch

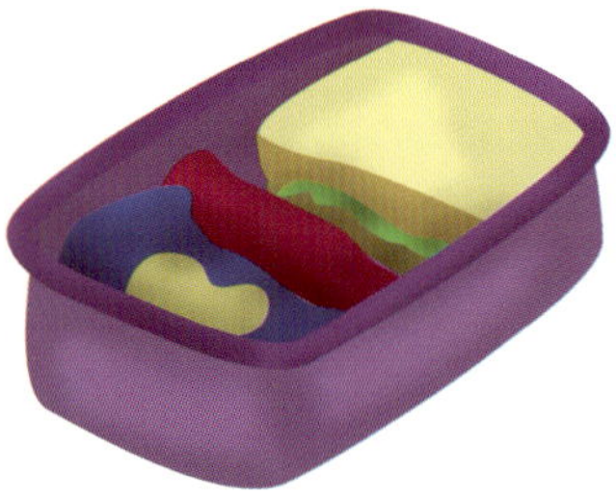

ਦੁਪਹਿਰ ਦਾ ਖਾਣਾ
dopahar da khānā

lung

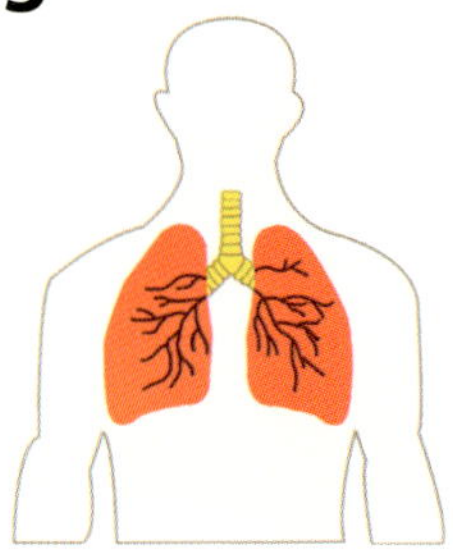

ਫੇਫੜਾ fefrā

Mm

machine
ਮਸ਼ੀਨ mashīn

magazine
ਰਸਾਲਾ rasālā

magician
ਜਾਦੂਗਰ jādūgar

magnet
ਚੁੰਬਕ chumbak

magpie
ਮੁਟਰੀ (ਚਿੜੀ)
mutrī (chirī)

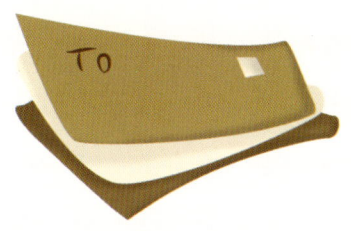

mail
ਡਾਕ dāk

mammal
ਥਣਧਾਰੀ thandhārī

man
ਆਦਮੀ ādmī

mandolin
ਸਾਰੰਗੀ sārangī

mango
ਅੰਬ ambb

map
ਨਕਸ਼ਾ nakshā

a b c d e f g h i j k l m n o p q r s t u v w x y z

maple 	**marble** 	**market** 
ਚਿਨਾਰ — chinār	ਸੰਗਮਰਮਰ — sangemarmar	ਬਜ਼ਾਰ — bazār
mask 	**mast**	**mat** 
ਨਕਾਬ — nakāb	ਮਸਤੂਲ — mastūl	ਚਟਾਈ — chatāī
matchbox 	**mattress** 	**meal** 
ਮਾਚਿਸ ਦੀ ਡੱਬੀ — māchis di dabbī	ਗੱਦਾ — gaddā	ਭੋਜਨ — bhojan
meat 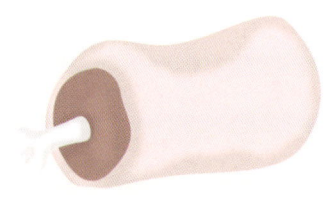	**mechanic** 	**medicine** 
ਮਾਸ — mās	ਮਿਸਤਰੀ — mistrī	ਦਵਾਈ — davaī

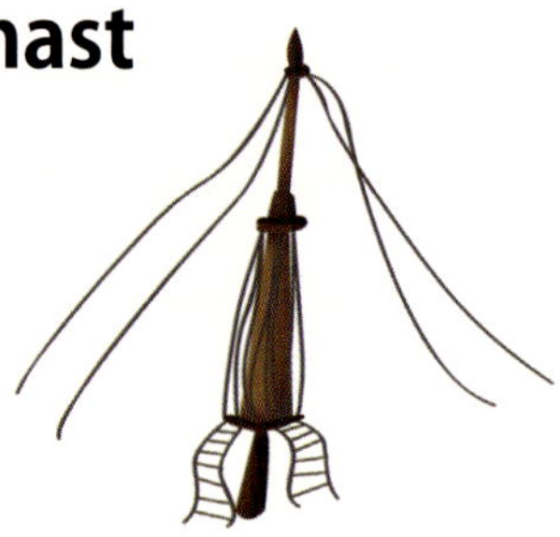

melon

ਖਰਬੂਜ਼ਾ kharbujā

merchant

ਵਪਾਰੀ vapārī

mermaid

ਜਲਪਰੀ jalparī

metal

ਧਾਤੂ dhātū

metre

US English **meter**

ਮੀਟਰ mītar

microphone

ਮਾਈਕਰੋਫੋਨ
maikrophone

microwave

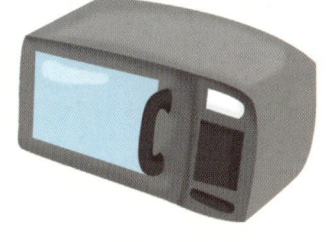

ਮਾਈਕਰੋਵੇਵ maikrovev

mile

ਮੀਲ mīl

milk

ਦੁੱਧ dudh

miner

ਖਾਨ ਮਜ਼ਦੂਰ
khān mazdūr

mineral

ਖਣਿਜ ਪਦਾਰਥ
khanij padārth

mint

ਪੁਦੀਨਾ pudīna

a b c d e f g h i j k l m n o p q r s t u v w x y z

minute

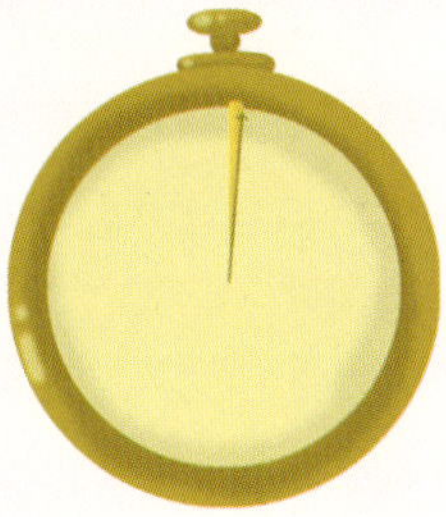

ਮਿੰਟ minat

mirror

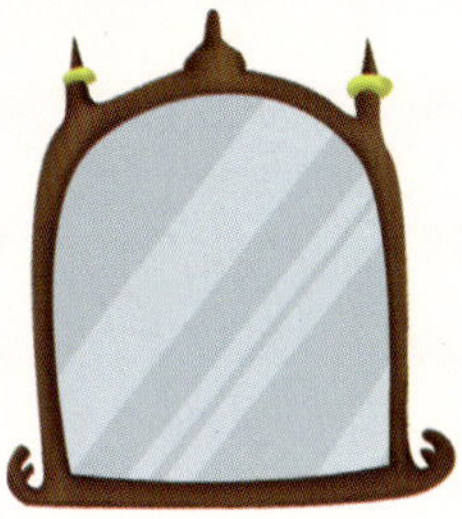

ਸ਼ੀਸ਼ਾ shīsha

mobile phone

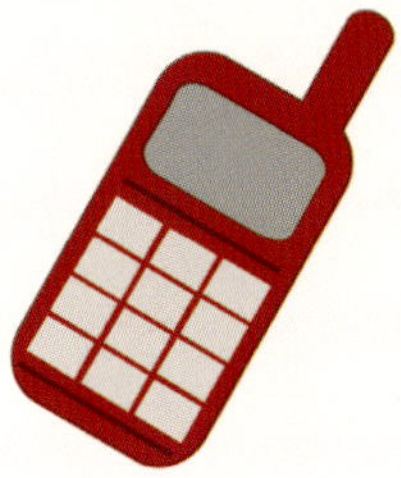

ਮੋਬਾਇਲ ਫੋਨ mobile phone

model

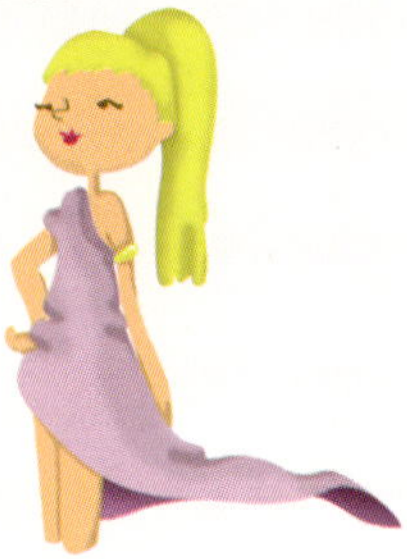

ਮਾਡਲ mādal

mole

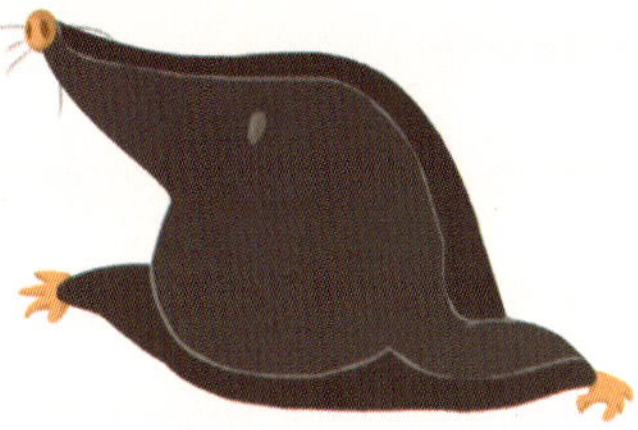

ਛਛੂੰਦਰ chhachhundar

money

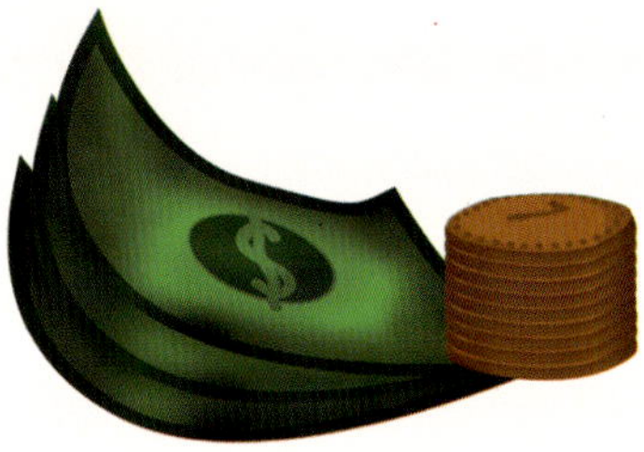

ਧਨ dhann

monk

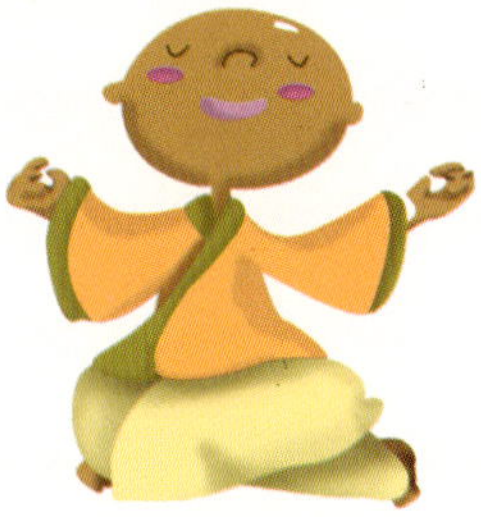

ਸੰਨਿਆਸੀ sanyāsī

monkey

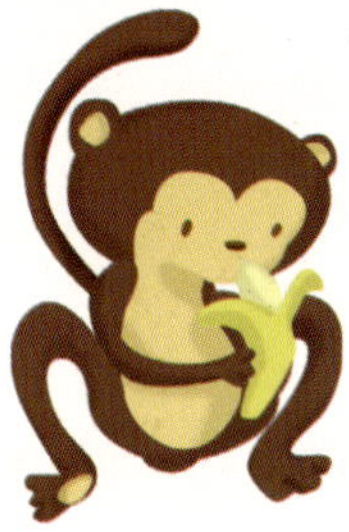

ਬਾਂਦਰ bāndar

monster

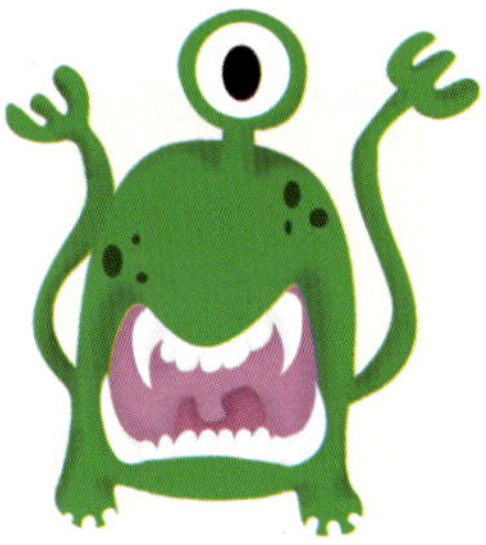

ਰਾਖਸ਼ rākhas

month

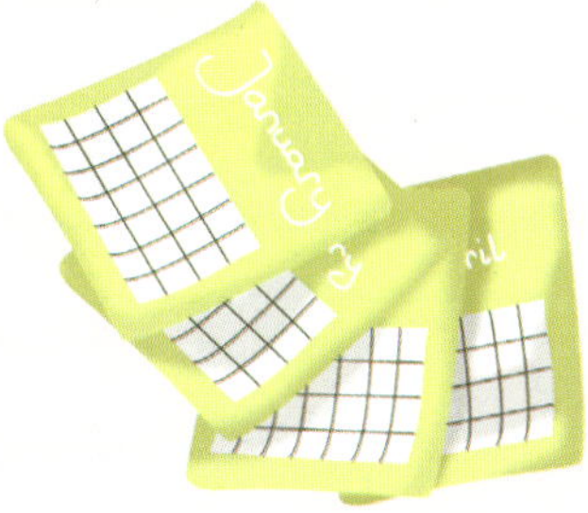

ਮਹੀਨਾ mahīnā

monument

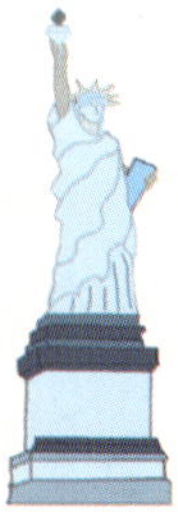

ਸਮਾਰਕ samārak

moon

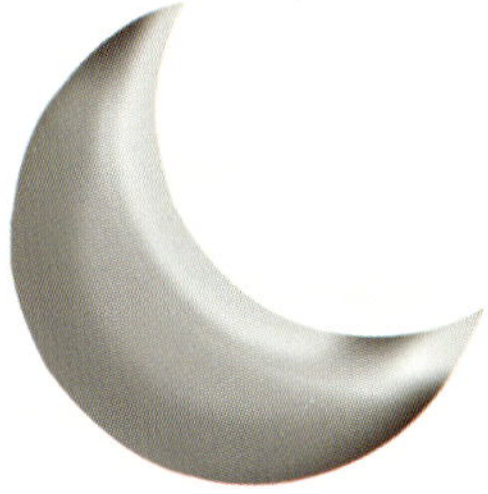

ਚੰਦਰਮਾ chandarmā

mop  ਪੋਚਾ pochā	**morning**  ਸਵੇਰ saver	**mosquito**  ਮੱਛਰ machhar
moth  ਪਤੰਗਾ patangā	**mother**  ਮਾਂ mā	**motorcycle**  ਮੋਟਰਸਾਈਕਲ motorsaikal
motorway  ਮੋਟਰ ਮਾਰਗ motormārag	**mountain**  ਪਰਬਤ parbat	**mouse** 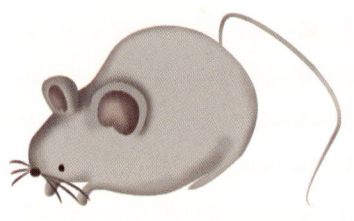 ਚੂਹਾ chuhā
mousetrap  ਚੂਹਾਦਾਨੀ chuhādānī	**moustache**  ਮੁੱਛ muchh	**mouth**  ਮੂੰਹ munh

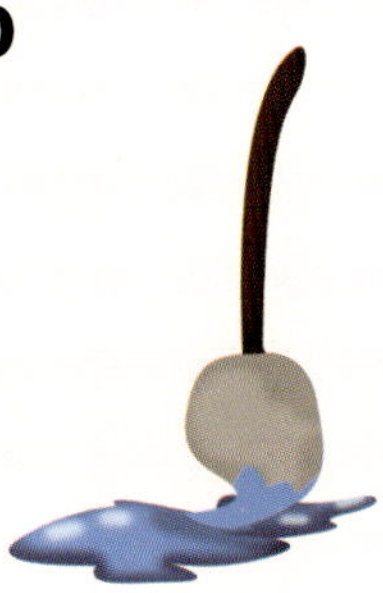

mud

ਮਿੱਟੀ mittī

muffin

ਕੇਕ kek

mug

ਪਿਆਲਾ piālā

mule

ਖੱਚਰ khachar

muscle

ਪੱਠਾ patthā

museum

ਅਜਾਇਬਘਰ ajaibghar

mushroom

ਖੁੰਭ khumb

music

ਸੰਗੀਤ sangīt

musician

ਸੰਗੀਤਕਾਰ sangītkār

Nn

nail

ਕਿੱਲ kil

napkin

ਰੁਮਾਲ rumāl

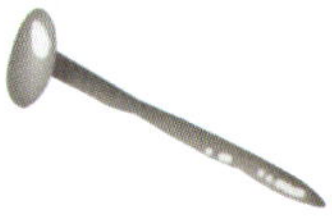

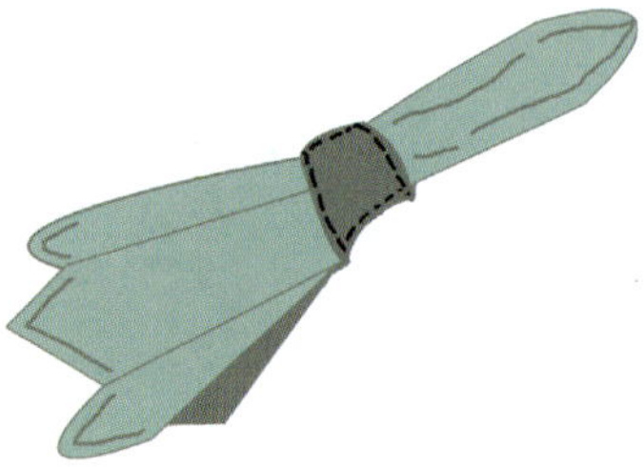

nappy
US English **diaper**

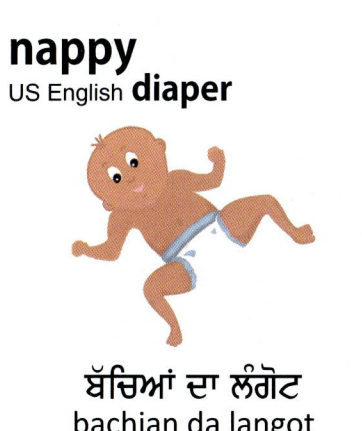

ਬੱਚਿਆਂ ਦਾ ਲੰਗੋਟ
bachian da langot

nature

ਕੁਦਰਤ kudarat

neck

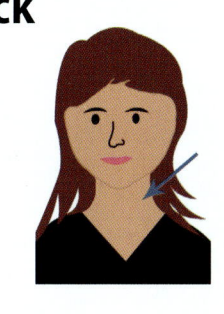

ਗਰਦਨ gardan

necklace

ਹਾਰ hār

necktie

ਟਾਈ tāī

needle

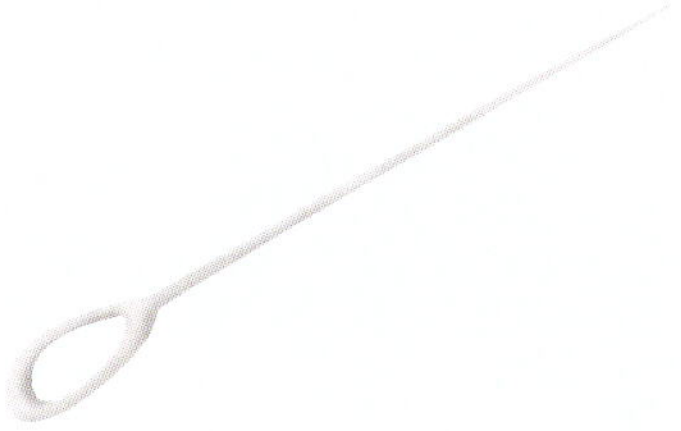

ਸੂਈ sūī

neighbour
US English **neighbor**

ਗਵਾਂਢੀ gwāndī

nest

ਆਲ੍ਹਣਾ ālnhā

net

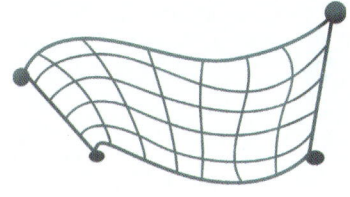

ਜਾਲੀ jālī

newspaper

ਅਕਬਾਰ akhbār

night

ਰਾਤ rāt

nine

ਨੌਂ nau

noodles  ਸੇਵਿਆਂ sewiān	**noon**  ਦੁਪਹਿਰ dupehar	**north** 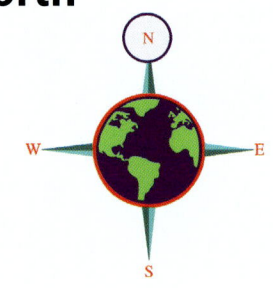 ਉੱਤਰ uttar
nose 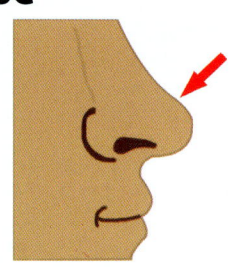 ਨੱਕ nakk	**note**  ਟਿੱਪਣੀ tippanī	**notebook**  ਕਾਪੀ kāpī
notice  ਸੂਚਨਾ sūchanā	**number**  ਅੰਕ ank	**nun**  ਸੰਨਿਆਸਨੀ sanyāsinī
nurse  ਨਰਸ naras	**nursery**  ਬਾਲਵਾੜੀ bāl-varī	**nut**  ਗਿਰੀ girī

Oo

oar

ਚੱਪੂ — chappū

observatory
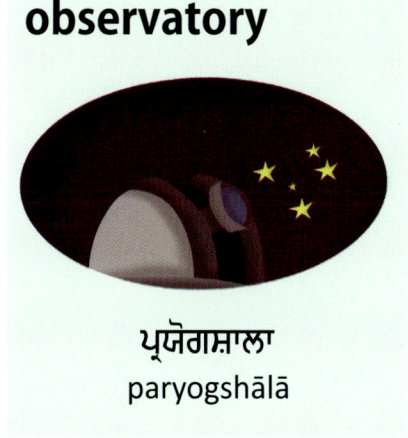
ਪ੍ਰਯੋਗਸ਼ਾਲਾ — paryogshālā

ocean

ਸਮੁੰਦਰ — samundar

octopus

ਇਕ ਸਮੁੰਦਰੀ ਜੀਵ — ik samundrī jīv

office

ਦਫ਼ਤਰ — daftar

oil

ਤੇਲ — tel

olive

ਜੈਤੂਨ — jaitūn

omelette
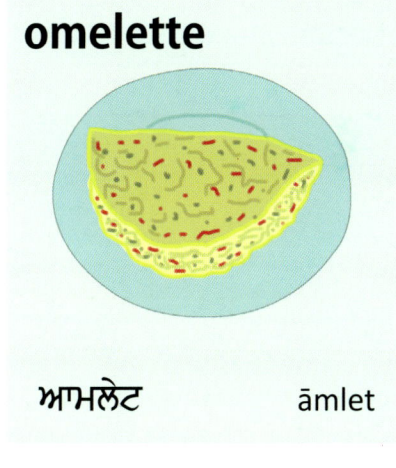
ਆਮਲੇਟ — āmlet

one

ਇਕ — ikk

onion

ਪਿਆਜ — piyāj

orange

ਸੰਤਰਾ — santarā

orbit
ਗ੍ਰਹਿ — greh

orchard
ਬਾਗ — bāg

orchestra
ਵਾਦਕ ਦਲ — vādak dal

ostrich
ਸ਼ਤੁਰ-ਮੁਰਗ — shutar murag

otter
ਉਦ-ਬਿਲਾਵ — ūd bilāv

oval
ਅੰਡਾਕਾਰ — andākār

oven
ਤੰਦੂਰ — tandūr

owl
ਉੱਲੂ — ullu

ox
ਬਲਦ — balad

Pp

packet
ਪੁਲੰਦਾ — pulandā

page
ਪੰਨਾ — pannā

pain
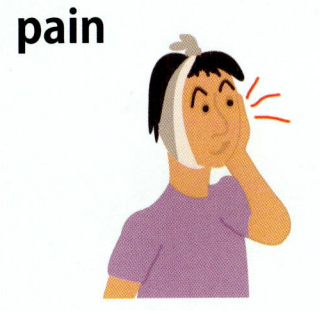
ਦਰਦ darad

paint

ਰੰਗ rangg

painting

ਚਿੱਤਰਕਾਰੀ chitarkalā

pair

ਜੋੜਾ jorā

palace

ਮਹੱਲ mahal

palm

ਹਥੇਲੀ hathelī

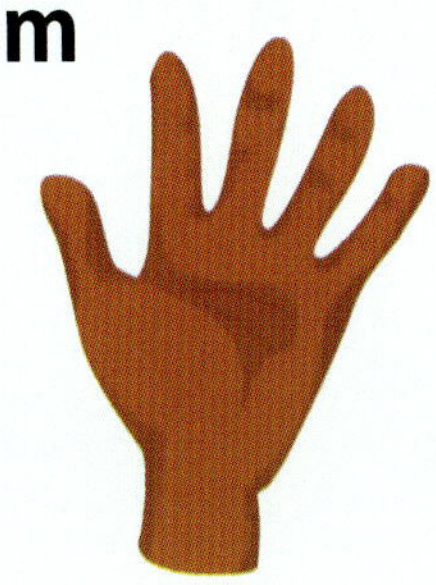

pan

ਕੜਾਹੀ karāhī

pancake

ਚਪਟਾ ਗੋਲ ਕੇਕ
chaptā gol cake

panda
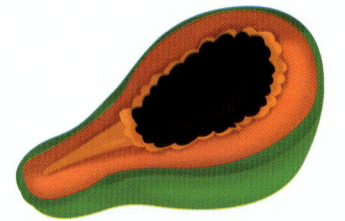
ਪਾਂਡਾ ਭਾਲੂ pandā bhālu

papaya

ਪਪੀਤਾ papītā

paper

ਕਾਗਜ਼ kāgaz

parachute

ਹਵਾਈ ਛਤਰੀ
havaī chhatrī

a b c d e f g h i j K l m n o **p** q r s t u v w x y z

parcel	**park**	**parrot**
ਪੁਲੰਦਾ pulandā	ਮੈਦਾਨ maidān	ਤੋਤਾ totā
passenger	**pasta**	**pastry**
ਯਾਤਰੀ yātrī	ਪਾਸਤਾ pāstā	ਪੇਸਟਰੀ pestrī
pavement	**paw**	**pea**
ਪਟਰੀ patrī	ਪੰਜਾ panjā	ਮਟਰ matar
peach	**peacock**	**peak**
ਆੜੂ ārū	ਮੋਰ mor	ਚੋਟੀ chotī

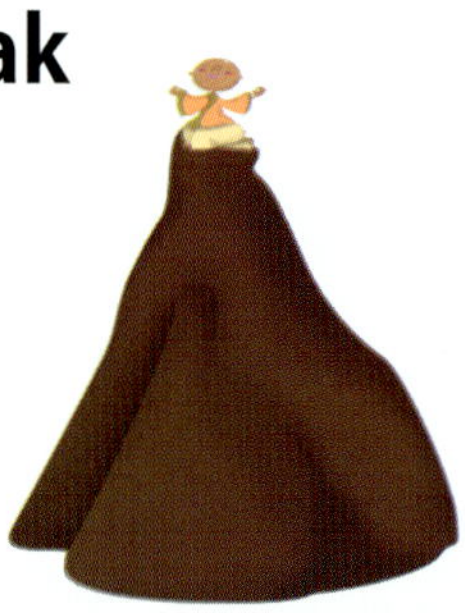

peanut	**pear**	**pearl**
ਮੂੰਗਫਲੀ mungfalī	ਨਾਸ਼ਪਾਤੀ nāshpatī	ਮੋਤੀ motī
pedal	**pelican**	**pen**
ਪੈਡਲ paiddal	ਹਵਾਸੀਲ havāseal	ਕਲਮ kalam
pencil	**penguin**	**pepper**
ਪੈਨਸਿਲ pensil	ਪੈਨਗੁਇਨ painguin	ਮਿਰਚ mirch
perfume	**pet**	**pharmacy**
ਇੱਤਰ ittar	ਪਾਲਤੂ ਪਸ਼ੂ paltū pashū	ਦਵਾਖਾਨਾ davā-khānā

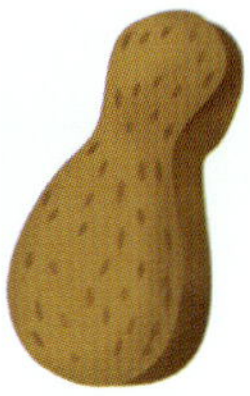

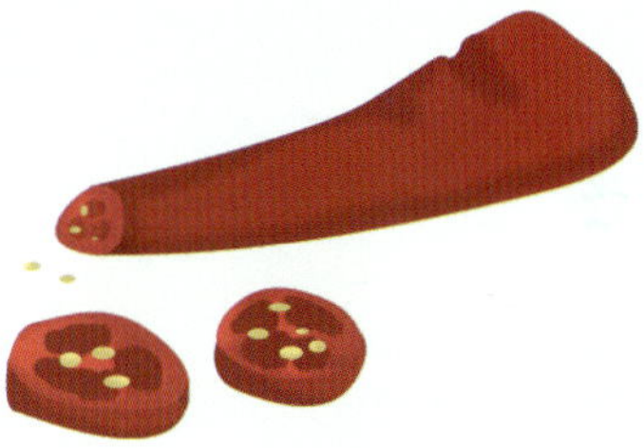

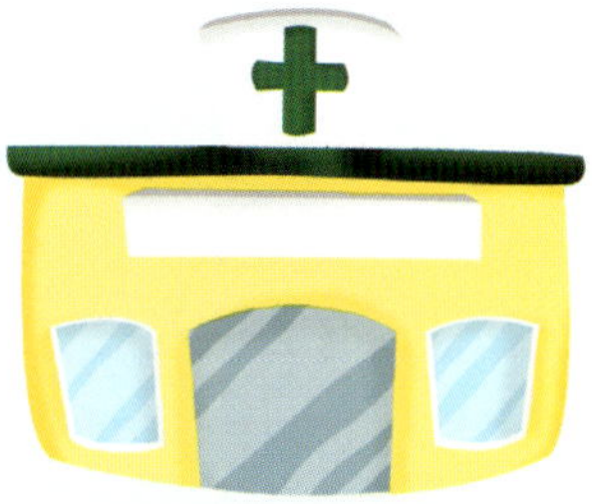

a b c d e f g h i j k l m n o **p** q r s t u v w x y z

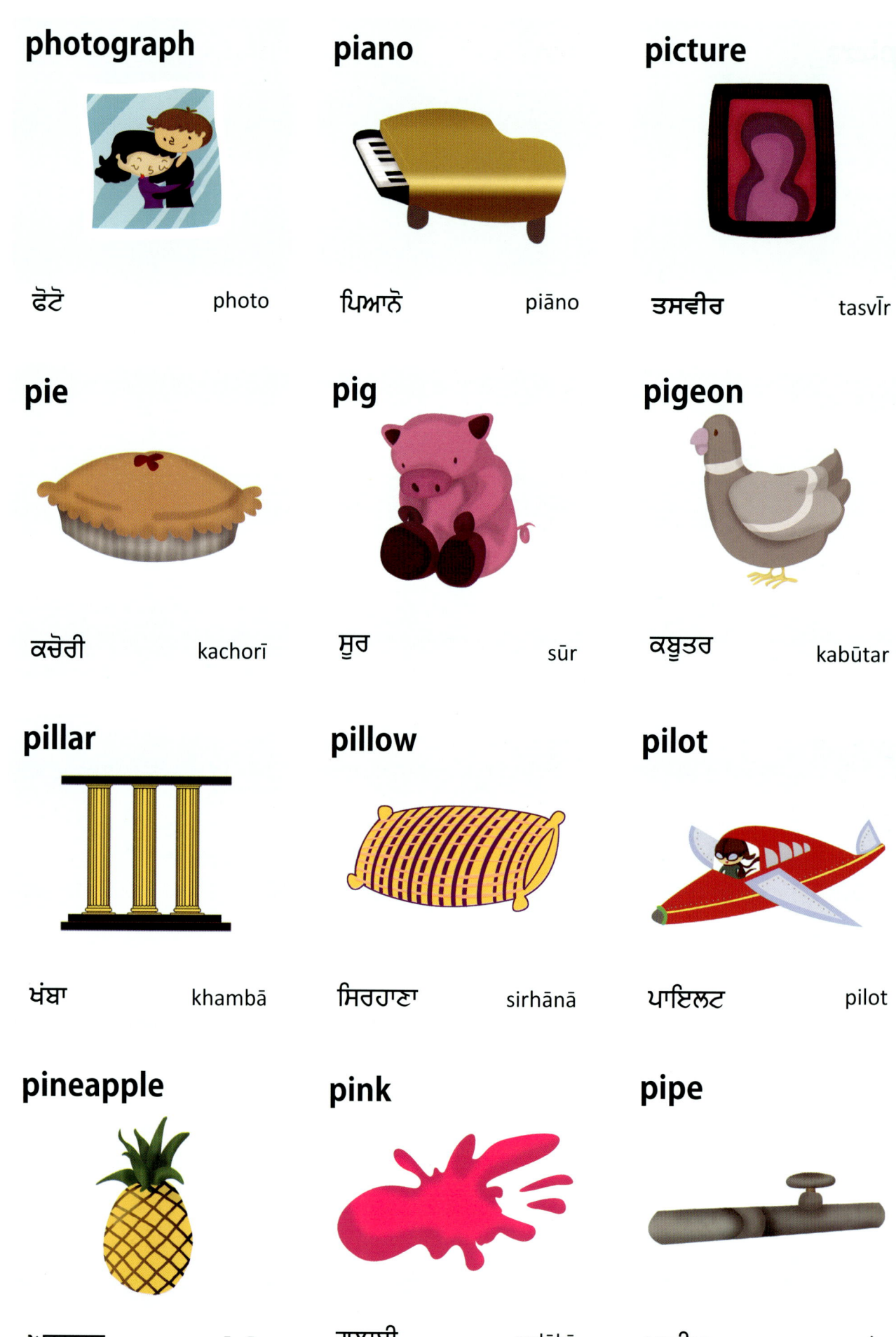

photograph ਫੋਟੋ photo	**piano** ਪਿਆਨੋ piāno	**picture** ਤਸਵੀਰ tasvīr
pie ਕਚੋਰੀ kachorī	**pig** ਸੂਰ sūr	**pigeon** ਕਬੂਤਰ kabūtar
pillar ਖੰਬਾ khambā	**pillow** ਸਿਰਹਾਣਾ sirhānā	**pilot** ਪਾਇਲਟ pilot
pineapple ਅਨਾਨਾਸ annānās	**pink** ਗੁਲਾਬੀ gulābī	**pipe** ਪਾਈਪ paip

pizza

ਪੀਜ਼ਾ pīzā

planet

ਗ੍ਰਹਿ greh

plant

ਪੌਦਾ paudā

plate

ਪਲੇਟ plate

platform

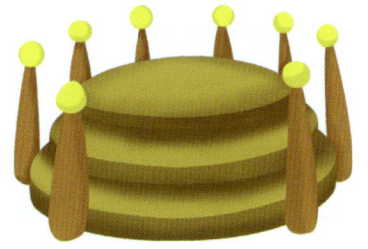

ਪਲੇਟਫਾਰਮ paletfārm

platypus

ਚੁੰਜ chunj

player

ਖਿਲਾੜੀ khilārī

plum

ਅਲੂਚਾ allūcha

plumber

ਨਲਕਾ ਮਿਸਤਰੀ
nalkā mistrī

plywood

ਪਰਤਦਾਰ ਲੱਕੜ
paratdār lakkar

pocket

ਜੇਬ jeb

poet

ਕਵੀ kavī

a b c d e f g h i j k l m n o **p** q r s t u v w x y z

69

a b c d e f g h i j k l m n o p q r s t u v w x y z

polar bear

ਬਰਫੀਲਾ ਰਿੱਛ
barfila richh

police

ਪੁਲਿਸ pulis

pollution

ਪ੍ਰਦੂਸ਼ਣ pardūshan

pomegranate

ਅਨਾਰ anār

pond

ਤਲਾਬ talāb

porcupine

ਸੇਹੀ ਮੱਛਲੀ
sehi-macchlī

port

ਬੰਦਰਗਾਹ bandargāh

porter

ਕੁਲੀ kulī

postcard

ਪੋਸਟਕਾਰਡ postcard

postman

ਡਾਕੀਆ dākiā

post office

ਡਾਕਘਰ dāk-ghar

pot

ਗਮਲਾ gamlā

potato

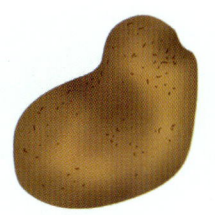

ਆਲੂ   ālū

powder

ਪਾਊਡਰ   paudar

prawn

ਝੀਂਗਾ ਮੱਛੀ   jhīngā machhī

priest

ਪਾਦਰੀ   pādrī

prince

ਰਾਜਕੁਮਾਰ   rājkumar

prison

ਜੇਲ   jail

pudding

ਪਕਵਾਨ   pakvān

pump

ਪੰਪ   pump

pumpkin

ਕੱਦੂ   kaddū

puppet

ਕਠਪੁਤਲੀ   kathputlī

puppy

ਕਤੂਰਾ   katūrā

purse

ਬਟੂਆ   batuā

a b c d e f g h i j k l m n o p q r s t u v w x y z

Qq

quail

ਬਟੇਰ bater

quarry

ਖਾਣ khān

queen

ਰਾਣੀ rānī

queue

ਕਤਾਰ katār

quiver

ਤਰਕਸ਼ tarkash

Rr

rabbit

ਖਰਗੋਸ਼ khargosh

rack

ਰੈਕ raik

racket

ਰੈਕੇਟ raikat

radio

ਰੇਡੀਓ redio

radish

ਮੂਲੀ mūlī

raft	**rain**	**rainbow**
ਬੇੜਾ berhā	ਬਾਰਿਸ਼ bārish	ਇੰਦਰ ਧਨੁਸ਼ inder dhanush

raisin	**ramp**	**raspberry**
ਕਿਸ਼ਮਿਸ਼ kishmish	ਢਾਲ dhāl	ਰਸਭਰੀ rasbharī

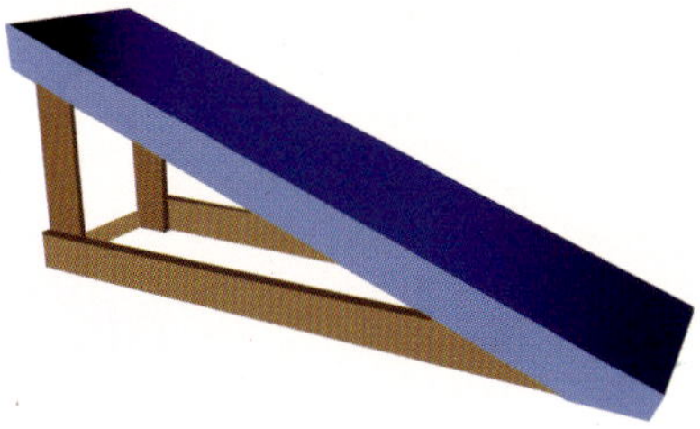

rat	**razor**	**receipt**
ਚੂਹਾ chūhā	ਉਸਤਰਾ ustrā	ਰਸੀਦ rasīd

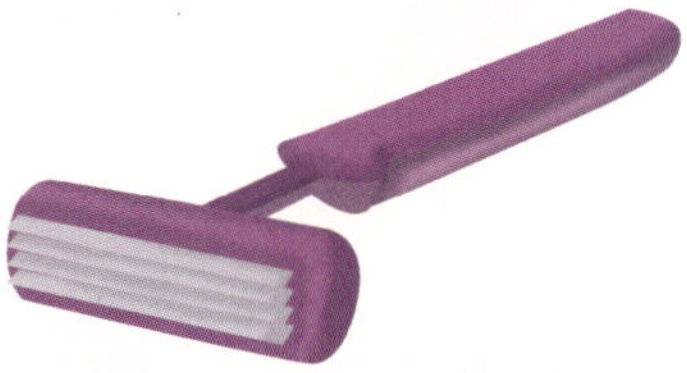

rectangle	**red**	**restaurant**
ਆਇਤ āyat	ਲਾਲ lāl	ਰੇਸਤਰਾਂ restrān

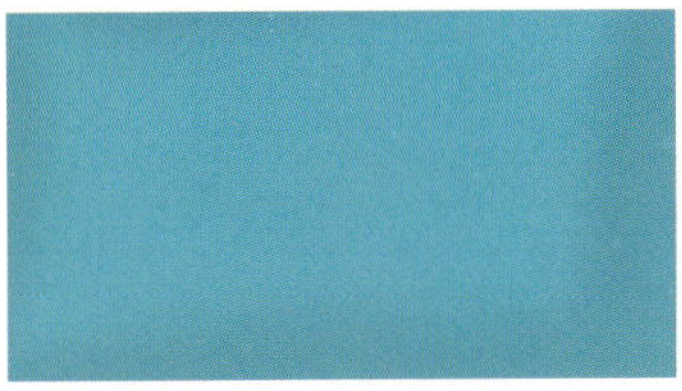

a b c d e f g h i J k l m n o p q **r** s t u v w x y z

rhinoceros	**rib**	**ribbon**
ਗੈਂਡਾ — gaindā	ਪਸਲੀ — paslī	ਫਿਤਾ — phītā
rice	**ring**	**river**
ਚੌਲ — chaul	ਮੁੰਦਰੀ — mundarī	ਦਰਿਆ — daryā
road	**robber**	**robe**
ਸੜਕ — sarak	ਲੁਟੇਰਾ — luterā	ਚੋਗਾ — chogā
robot	**rock**	**rocket**
ਮਸ਼ੀਨੀ ਮਨੁੱਖ — mashinī manukh	ਚੱਟਾਨ — chattān	ਰਾਕਟ — rākat

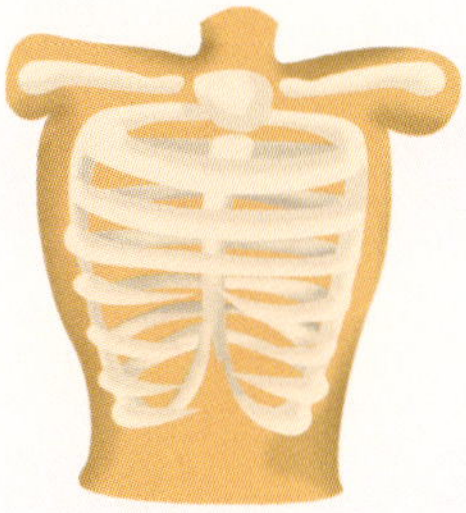

roller coaster

ਰੋਲਟ ਕੋਸਟਰ
rolar kostar

room

ਕਮਰਾ kamrā

root

ਜੜ੍ਹ jarh

rope

ਰੱਸੀ rassī

rose

ਗੁਲਾਬ gulāb

round

ਗੋਲ gol

rug

ਗਲੀਚਾ galīchā

rugby

ਰਗਬੀ (ਖ਼ੇਲ) ragbī (khel)

ruler

ਫੁਟਾ futtā

Ss

sack

ਬੋਰੀ borī

sail

ਬਾਦਬਾਨ bādabān

a b c d e f g h i j k l m n o p q r s t u v w x y z

sailor

ਮੱਲਾਹ mallāh

salad

ਸਲਾਦ salād

salt

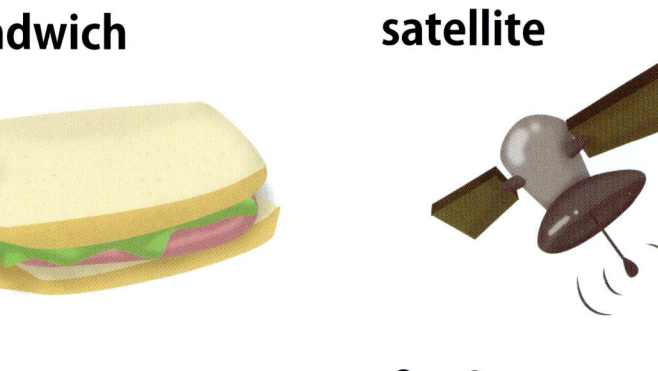

ਲੂਣ lūn

sand

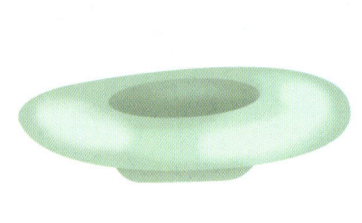

ਰੇਤ reit

sandwich

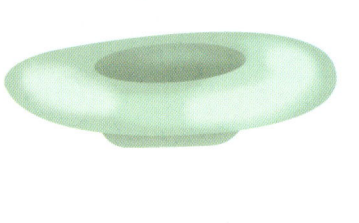

ਸੈਂਡਵਿੱਚ sandwich

satellite

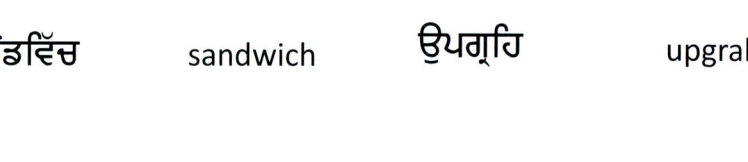

ਉਪਗ੍ਰਹਿ upgrah

saucer

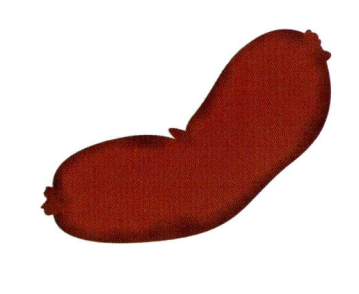

ਪਲੇਟ plate

sausage

ਲੰਗੂਚਾ langūchā

saw

ਆਰੀ ārī

scarf

ਓਡਨੀ orhnī

school

ਸਕੂਲ skūl

scissors

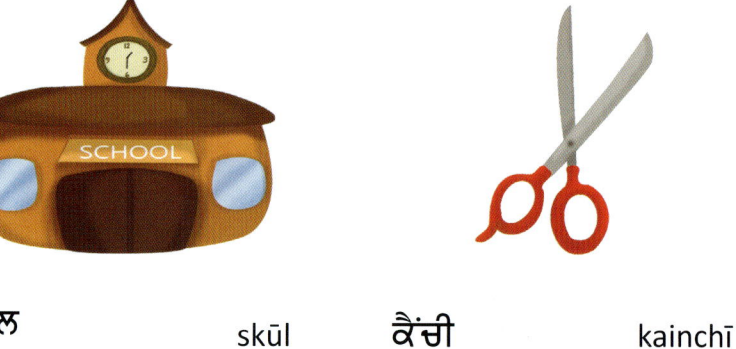

ਕੈਂਚੀ kainchī

scooter

ਸਕੂਟਰ sakūtar

scorpion

ਬਿੱਛੂ bichhū

screw

ਪੇਚ pech

sea

ਸਮੁੰਦਰ samundar

seal

ਸੀਲ ਮੱਛੀ
sīl machhī

seat

ਆਸਣ āsan

see-saw

ਪੀਲ ਪਲਾਂਘਾ
pīl palānghā

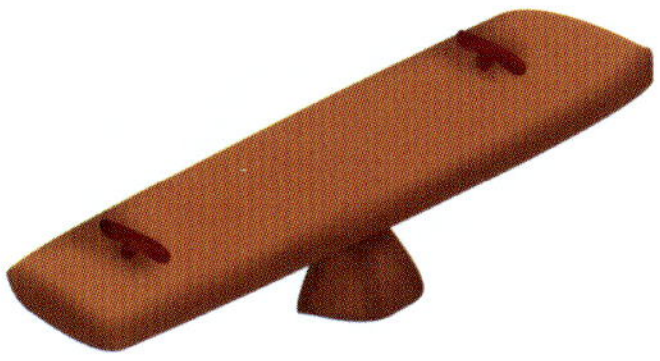

seven

ਸੱਤ satt

shadow

ਪਰਛਾਈ parchhaīn

shampoo

ਸ਼ੈਂਪੂ shampū

shark

ਸ਼ਾਰਕ ਮੱਛੀ
shārk machhī

sheep

ਭੇਡ bhed

shelf  ਟਾਂਡ tānd	**shell**  ਘੋਗਾ ghogā	**shelter** 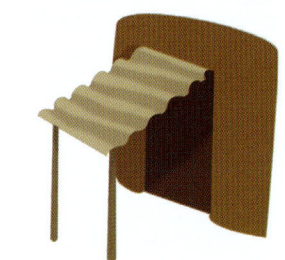 ਆਸਰਾ āsrā
ship  ਪਾਣੀ ਵਾਲਾ ਜਹਾਜ਼ pānī vālā jahāj	**shirt**  ਕਮੀਜ਼ kamīz	**shoe**  ਜੁੱਤੀ juttī
shorts  ਨਿੱਕਰ nikkar	**shoulder** 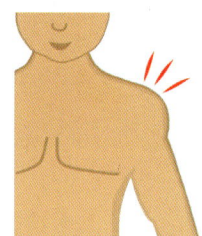 ਮੋਢਾ moddhā	**shower**  ਵਾਛੜ vācchhar
shutter  ਬੰਦ ਕਰਨ ਵਾਲਾ band karan vālā	**shuttlecock** 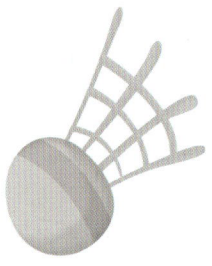 ਚਿੜੀ chirī	**signal**  ਸੰਕੇਤ sanket

silver
ਚਾਂਦੀ chāndī

sink
ਬੇਸਿਨ besin

sister
ਭੈਣ bhain

six
ਛੇ chhe

skate
ਬਰਫ਼ 'ਤੇ ਦੌੜਨ ਵਾਲੇ ਬੂਟ
baraf te dauran wale būt

skeleton
ਪਿੰਜਰ pinjar

ski
ਬਰਫ਼ ਦੀ ਖੇਡ
baraf di khed

skin
ਚਮੜੀ chamrī

skirt
ਘਗਰਾ ghagrā

skull
ਖੋਪੜੀ khoprī

sky
ਅਸਮਾਨ āsmān

skyscraper
ਗਗਨਚੁੰਬੀ ਇਮਾਰਤ
gaganchumbī imārat

a b c d e f g h i j k l m n o p q r s t u v w x y z

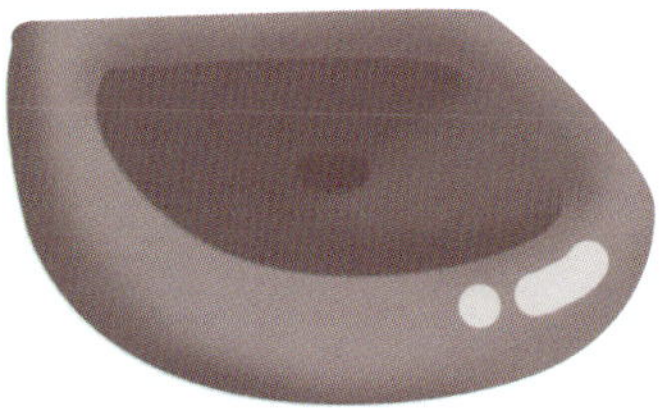

slide
ਫਿਸਲਨ (ਝੂਲਾ)
phisalan (jhūlā)

slipper
ਚੱਪਲ
chappal

smoke
ਧੂੰਆਂ
dhuān

snail
ਘੋਗਾ
ghoggā

snake
ਸੱਪ
sapp

snow
ਅਸਮਾਨੀ ਬਰਫ਼
asmānī baraf

soap
ਸਾਬਣ
sāban

sock
ਜੁਰਾਬ
jurāb

sofa
ਸੋਫਾ
sophā

soil
ਮਿੱਟੀ
mittī

soldier
ਸੈਨਿਕ
sainik

soup
ਸ਼ੋਰਬਾ
shorbā

space

ਪੁਲਾੜ pulār

spaghetti

ਸਪੈਗੇਟੀ sapaigettī

sphere

ਗੋਲਾ golā

spider

ਮਕੜੀ makrī

spinach

ਪਾਲਕ pālak

sponge

ਸਪੰਜ sapanj

spoon

ਚਮਚ chammach

spray

ਛਿੜਕਾਵ chhirkāv

spring

ਬਸੰਤ basant

square

ਵਰਗਾਕਾਰ vargākār

squirrel

ਗਾਲ੍ਹੜ gālarh

stadium

ਖੇਡ ਮੈਦਾਨ khed medain

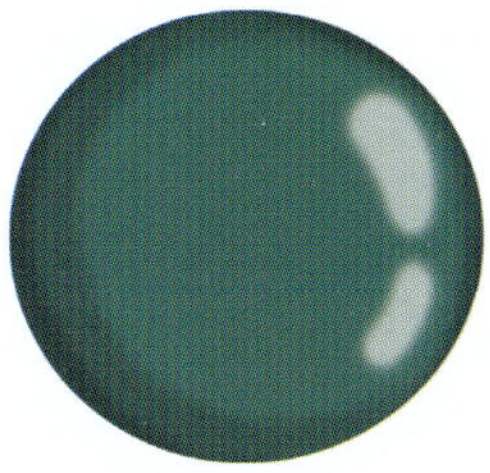

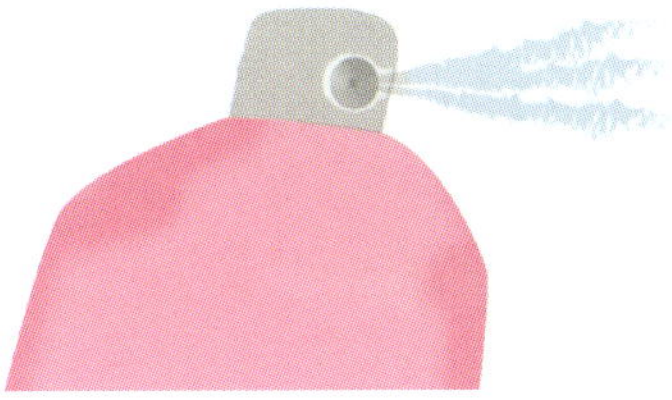

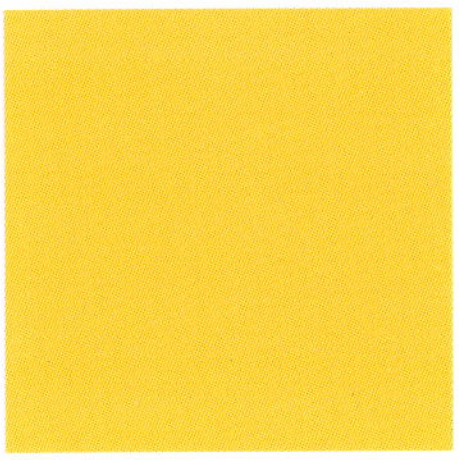

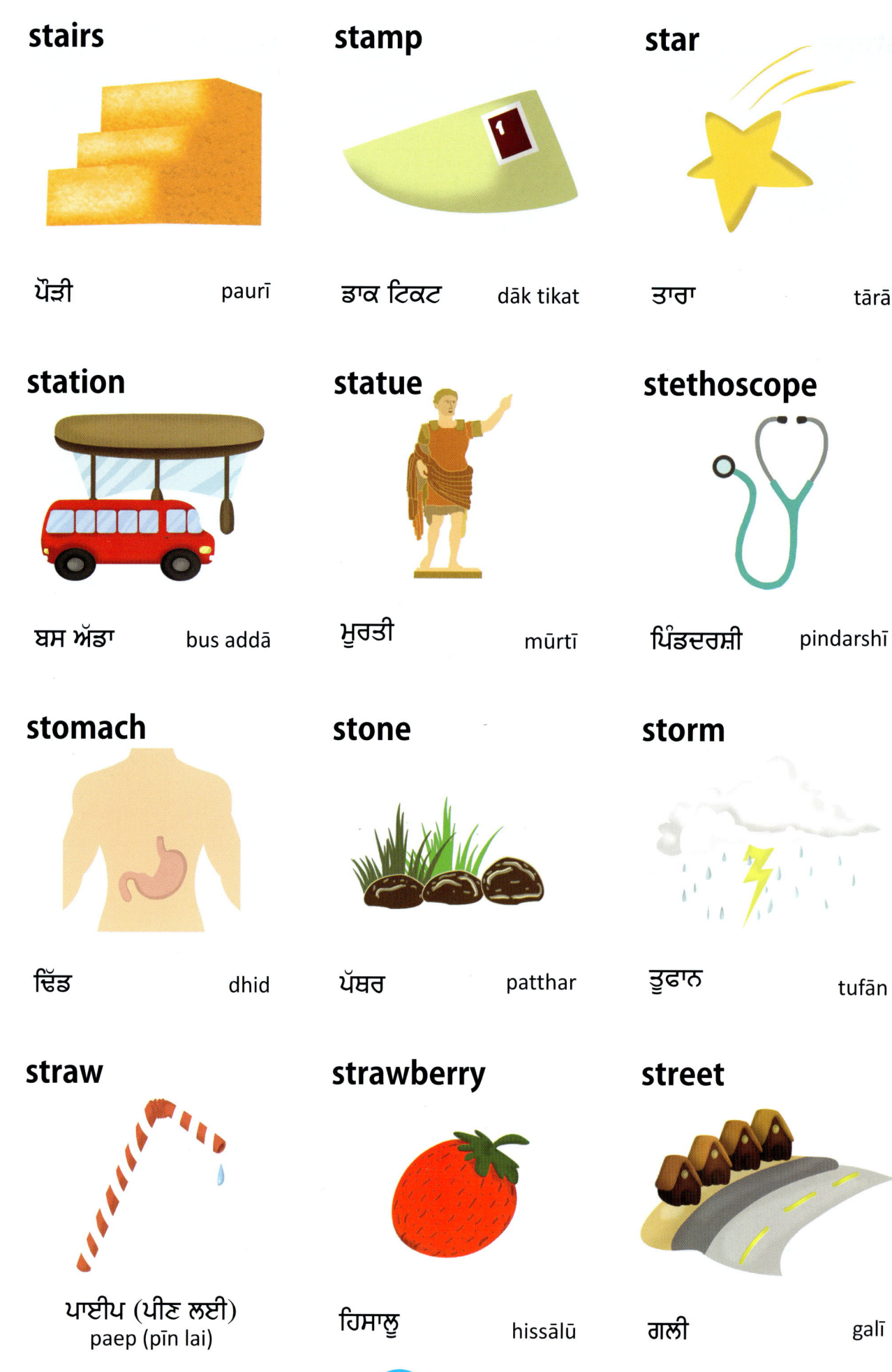

stairs

ਪੌੜੀ pauṛī

stamp

ਡਾਕ ਟਿਕਟ dāk tikat

star

ਤਾਰਾ tārā

station

ਬਸ ਅੱਡਾ bus addā

statue

ਮੂਰਤੀ mūrtī

stethoscope

ਪਿੰਡਦਰਸ਼ੀ pindarshī

stomach

ਢਿੱਡ dhid

stone

ਪੱਥਰ patthar

storm

ਤੂਫਾਨ tufān

straw

ਪਾਈਪ (ਪੀਣ ਲਈ)
paep (pīn lai)

strawberry

ਹਿਸਾਲੂ hissālū

street

ਗਲੀ galī

student

ਵਿਦਿਆਰਥੀ
vidyarthī

submarine

ਪਣਡੁਬੀ pandubbī

subway

ਭੂਮੀਗਤ ਮਾਰਗ
bhūmigat mārg

sugar

ਖਮਡ khānd

sugarcane

ਗੰਨਾ gannā

summer

ਗਰਮੀ ਦੀ ਰੁੱਤ
garmī di rutt

sun

ਸੂਰਜ sūraj

supermarket

ਸੁਪਰ ਬਜ਼ਾਰ
super bazār

swan

ਰਾਜਹੰਸ rājhans

sweet

ਮਿੱਠਾ mitthā

swimming pool

ਤੈਰਾਕੀ ਦਾ ਤਲਾਬ
terākī da talāb

swimsuit

ਤੈਰਾਕੀ ਦਾ ਪਹਿਨਾਵਾ
terakī da pahnāwā

a
b
c
d
e
f
g
h
i
j
k
l
m
n
o
p
q
r
s
t
u
v
w
x
y
z

swing

ਝੂਲਾ jhūlā

switch

ਸਵਿੱਚ switch

syrup

ਸ਼ਰਬਤ sharbat

Tt

table

ਮੇਜ਼ mez

tall

ਲੰਬਾ lambā

tank

ਟੈਂਕ taink

taxi

ਟੈਕਸੀ taiksī

tea

ਚਾਹ chā

teacher

ਅਧਿਆਪਕ adhyāpak

teeth

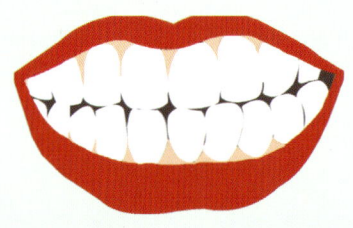

ਦੰਦ dand

telephone

ਟੈਲੀਫੋਨ telephon

television

ਟੈਲੀਵਿਜ਼ਨ television

ten

ਦਸ dass

tennis

ਟੈਨਿਸ tennis

tent

ਤੰਬੂ tambū

thief

ਚੋਰ chor

thread
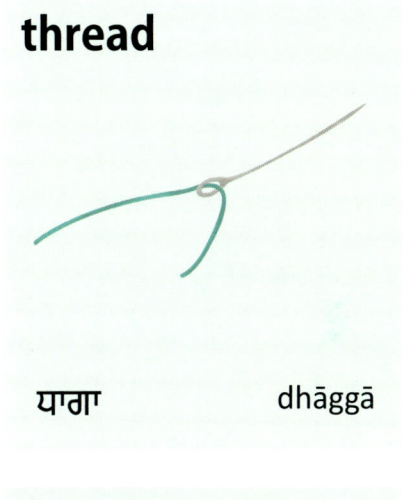
ਧਾਗਾ dhāggā

three

ਤਿੰਨ tinn

throat
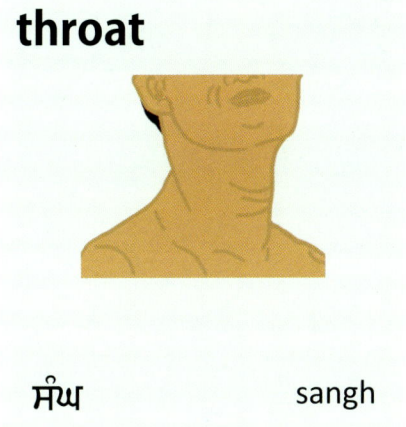
ਸੰਘ sangh

thumb
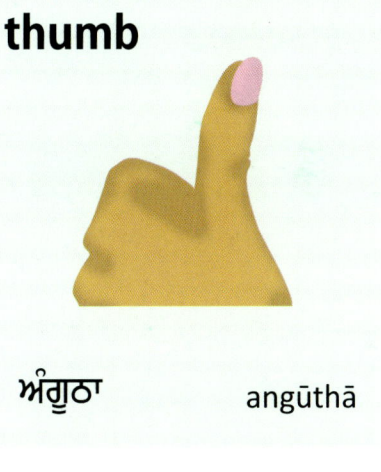
ਅੰਗੂਠਾ angūthā

ticket

ਟਿਕਟ tiket

tiger

ਸ਼ੇਰ sher

toe
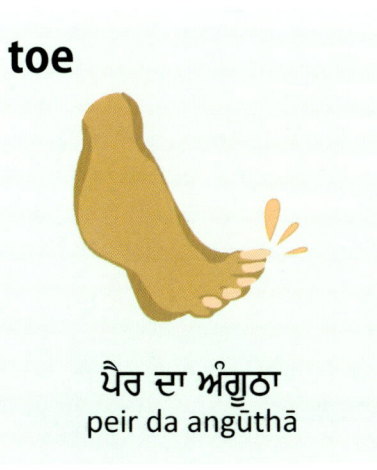
ਪੈਰ ਦਾ ਅੰਗੂਠਾ
peir da angūthā

tofu

ਸੋਇਆਬੀਨ ਦਾ ਪਨੀਰ
soyabīn da panīr

tomato

ਟਮਾਟਰ tamātar

tongue

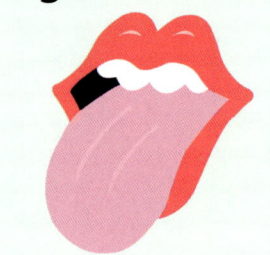

ਜੀਭ jībh

tool

ਔਜ਼ਾਰ auzār

toothbrush

ਦੰਦਾਂ ਦਾ ਬੁਰਸ਼
dandā da brush

toothpaste

ਦੰਤ ਮੰਜਨ dantmanjan

tortoise

ਕੱਛੂਕੁੰਮਾ kachhukumā

towel

ਤੌਲੀਆ tauliyā

tower

ਬੁਰਜ burj

toy

ਖਿਡੌਣਾ khidaunā

tractor

ਟਰੈਕਟਰ trāktar

train

ਰੇਲਗੱਡੀ railgaddī

tree

ਦਰਖ਼ਤ drakhat

triangle

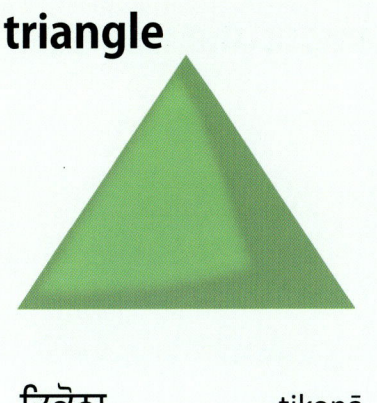

ਤਿਕੋਣਾ tikonā

tub

ਪਾਨੀ ਟੱਬ pani tub

tunnel

ਸੁਰੰਗ surang

turnip

ਸ਼ਲਗਮ shalgam

tyre
US English **tire**

ਟਾਇਰ tāyar

Uu

umbrella

ਛਤਰੀ chhatrī

uncle

ਚਾਚਾ/ਮਾਮਾ
chāchā/māmā

uniform

ਵਰਦੀ vardī

university

ਵਿਸ਼ਵਵਿਦਿਆਲਾ
vishva-vidhyālay

utensil

ਭਾਂਡੇ bhānde

a b c d e f g h i j k l m n o p q r s t u v w x y z

Vv

vacuum cleaner
ਗਲੀਚਾ ਸਾਫ਼ ਕਰਨ ਵਾਲਾ
galīchā sāf karan wālā

valley
ਘਾਟੀ ghātī

van
ਬੰਦ ਗੱਡੀ band gaddī

vase
ਫੁੱਲਦਾਨ phuldān

vault
ਤਿਜੋਰੀ tijorī

vegetable
ਸਬਜ਼ੀ sabjī

veil
ਘੁੰਡ ghund

vet
ਡੰਗਰ ਡਾਕਟਰ
dangar dāktar

village
ਪਿੰਡ pind

violet
ਬੈਂਗਣੀ bainganī

violin
ਵਾਇਲਿਨ vailin

volcano

ਜੁਆਲਾਮੁਖੀ   jvālāmukhī

volleyball

ਵਾਲੀਬਾਲ   volleyball

vulture

ਗਿੱਧ   giddh

Ww

waist

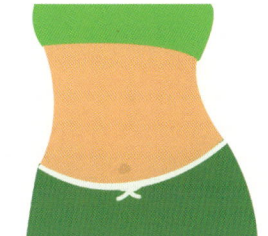

ਕਮਰ   kamar

waitress

ਸੇਵਿਕਾ   sevika

wall

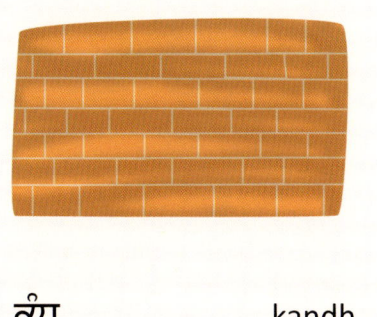

ਕੰਧ   kandh

wallet

ਬਟੂਆ   batuā

walnut

ਅਖ਼ਰੋਟ   akhrot

wand

ਛੜੀ   chharī

wardrobe

ਅਲਮਾਰੀ   almārī

warehouse

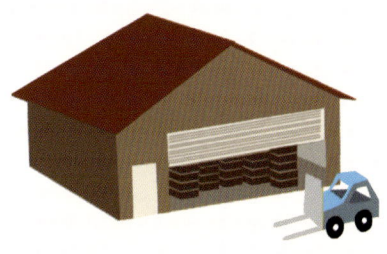

ਗੋਦਾਮ   godām

89

wasp

ਭੂੰਡ bhūnd

watch

ਘੜੀ gharī

water

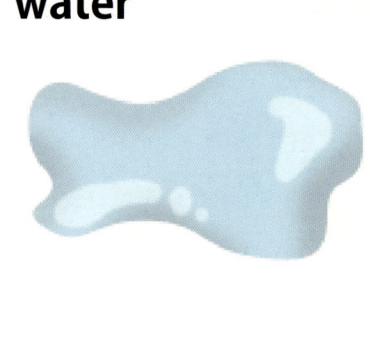

ਪਾਣੀ pānī

watermelon

ਤਰਬੂਜ਼ tarbūz

web

ਮੱਕੜੀ ਦਾ ਜਾਲਾ
makrī da jālā

whale

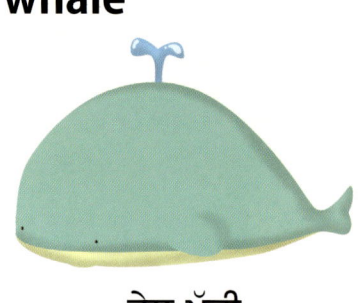

ਵੇਲ੍ਹ ਮੱਛੀ
whale macchī

wheat

ਕਣਕ kanak

wheel

ਪਹੀਆ pahiyā

whistle

ਸੀਟੀ sītī

white

ਸਫੇਦ safed

wife

ਪਤਨੀ patnī

window

ਖਿੜਕੀ khirkī

wing

ਖੰਭ khamb

winter

ਸਰਦੀ sardī

wizard

ਜਾਦੂਗਰ jādūgar

wolf

ਬਘਿਆੜ baghiār

woman

ਔਰਤ aurat

woodpecker

ਚੱਕੀਰਾਹਾ chakkirāh

wool

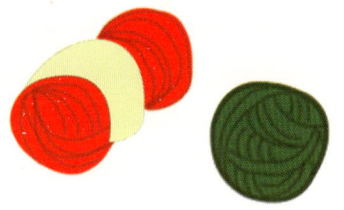

ਉੱਨ unn

workshop

ਕਾਰਖਾਨਾ kārkhanā

wrist

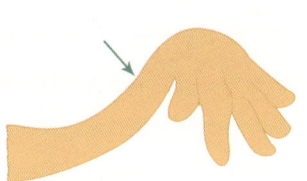

ਗੁੱਟ gutt

Xx

x-ray

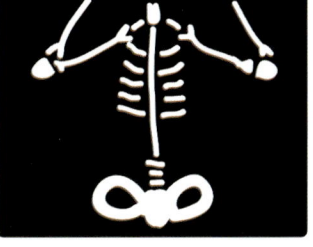

ਐਕਸ-ਰੇ aiks-rey

xylophone

ਜਲ ਤਰੰਗ ਵਰਗਾ ਵਾਜਾ
jaltarang vargā vājā

a b c d e f g h i j k l m n o p q r s t u v w x y z

Yy

yacht

ਤੇਜ਼ ਕਿਸ਼ਤੀ tez kishtī

yak

ਭੈਂਸਾ bhainsā

yard

ਗਜ਼ gazz

yellow

ਪੀਲਾ pīlā

yoghurt

ਦਹੀ dahī

Zz

zebra

ਜ਼ੈਬਰਾ zaibrā

zero

ਸਿਫ਼ਰ siffar

zip

ਜ਼ਿਪ zip

zodiac

ਰਾਸ਼ੀ rāshī

zoo

ਚਿੜੀਆਘਰ chiriyāghar